Der Anfang der modernen Schweiz

Markus Kutter

Der Anfang der modernen Schweiz

Übergang von der alten Eidgenossenschaft
zur Helvetischen Republik (1748 – 1803)

Christoph Merian Verlag Basel

Die Deutsche Bibliothek – CIP-Einheitsaufnahme
Kutter Markus:
Der Anfang der modenen Schweiz:
Übergang von der alten Eidgenossenschaft
zur Helvetischen Republik (1748 – 1803) /
Markus Kutter. – Basel : Christoph Merian Verl., 1996
ISBN- 3-85616-070-1

Gestaltet hat dieses Buch Hanspeter Kersten, Basel/Waldshut
auf dem Computer in den Lettern Swift von Gerard Unger.

Der Anfang der modernen Schweiz

Diese Überschrift meint etwas sehr einfaches: Dass zwar die alte Schweiz von den drei Urkantonen über die acht alten Orte zur dreizehnörtigen Schweiz mit weiteren zugewandten Orten auf das 13. Jahrhundert und einen Bundesbrief von 1291 zurückgeht, dass aber die moderne Schweiz, die Schweiz von heute, erst in der Folge der Französischen Revolution und deshalb aus den Trümmern dieser alten Eidgenossenschaft entstand.

Was meint «moderne Schweiz»?
Sie meint einen Staat auf der Grundlage einer Verfassung, einen Nationalstaat mit Gewaltentrennung, mit für das ganze Territorium verbindlichen Gesetzen, mit einem Schweizer Bürgerrecht, mit einem Schweizer Franken, mit Gleichberechtigung (schliesslich auch der Frauen), mit in der Verfassung verankerten Volksrechten. Die alte Schweiz kannte diese Dinge nicht oder nur bruchstückweise; für die moderne Schweiz sind sie zu Selbstverständlichkeiten geworden.

Das ist keine isolierte schweizerische Entwicklungsgeschichte. Alle europäischen Nationen und die grosse nordamerikanische Republik haben in unterschiedlichem Tempo und auf sehr verschiedenen Treppenstufen die gleiche Entwicklung durchgemacht. Also muss in jedem Staat Europas und wohl auch der ganzen, zum mindesten abendländischen Welt der Übergang von den früheren Zuständen in diese Modernität ein historisches Kapitel sein, das über den Charakter und die Struktur dieser Staaten viele Dinge aussagt. Sie sind zu ihrem Verständnis unentbehrlich – vor allem heute, da wir vielleicht ans Ende dieser «Modernität» geraten könnten.

In der Schweiz liegt diese Umbruchsepoche zwischen 1798 und 1848, also dem Untergang der alten Eidgenossenschaft und dem ersten Bundesstaat von 1848. Als mich die Basler Zeitung 1994 fragte, ob ich regelmässig jede Woche kurze Artikel über diese Gründerzeit verfassen würde, sagte ich freudig zu. Aber nicht nur freudig, sondern auch verunsichert, weil ich mir Rechenschaft gab, dass ich, obwohl ausgebildeter Historiker, von dieser Zeit nur unzureichende Kenntnisse hatte. Ich musste einen Entschluss fassen: Sollte ich mich zuerst in die zum Teil hervorragenden Gesamtdarstellungen, etwa eines Wilhelm Oechsli oder seines Vorgängers Anton von Tillier, versenken, oder würde ich, kreuz und quer durch die Literatur streifend, vor allem Quellen, das heisst Texte aus der Zeit selber, konsultieren? Ich entschied mich für das zweite, ohne auf das erste zu verzichten.

Und dann – das war mir klar – durfte ich nicht vergessen, dass ich nicht für Historiker zu schreiben hatte, sondern für ein allgemeines Publikum, ein Publikum freilich, bei dem ein Interesse an der Geschichte vorausgesetzt werden konnte. Die Artikel von annähernd gleicher Länge sollten die Leserschaft mit nur geschichtsmethodischen Auseinandersetzungen verschonen, ein jeder Text musste für sich selber lesbar sein, sich sozusagen einzeln behaupten; er sollte einen Gegenstand oder eine bestimmte Perspektive abhandeln, etwas erzählen. Nicht wissenschaftlicher Ehrgeiz, sondern Neugierde war die Triebfeder. Ich darf gestehen, dass mich das unerwartet grosse Echo auf diese Texte beflügelte, und dass ich unzähligen Leserinnen und

Lesern für die Weiterführung dieser Arbeit aufrichtig verpflichtet bin.

Somit darf ich diese Geschichten im ersten zusammenfassenden Band diesen bekannten und unbekannten Menschen widmen, die mir ihr Interesse bewiesen und zum Teil sogar mit Originaldokumenten Stoff für mehr als eine Geschichte geliefert haben. Auf unser Land kommt möglicherweise eine schwierige Zeit zu; da ist es hilfreich zu wissen, dass die Gründerjahre der modernen Schweiz noch ungleich schwieriger waren.

Basel, im Oktober 1995
Markus Kutter

Inhaltsverzeichnis

Vorwort
1. Fünfzig leere Jahre 11
2. Das Spiel mit Staatsmodellen 14
3. Ein Schweizer in Paris 17
4. Der Chevalier de Seingalt 21
5. Verkaufen wir die Uni nach Amerika! 24
6. Der Untergang des Fürstbistums 27
7. Der Basler Frieden 30
8. Visionen, Reformen, Reformunfähigkeit 33
9. Der Leseschub 36
10. Ahnungen 39
11. Austritt aus der Eidgenossenschaft 42
12. Ein gewisser Herr Schweppe 45
13. Ein Tagebuch über neun Jahre 48
14. Kunstaufkäufer 51
15. Feurige Menschen 54
16. Ach, diese jungen Leute! 58
17. Der vergessene Gründervater 61
18. Der Basler Kardinal 65
19. Die Faszination der Niederlage 69
20. Revolution auch im Toggenburg 72
21. Zum Gründervater genötigt? 75
22. Kein Staat ohne Verfassung 79
23. Anfang der parlamentarischen Demokratie ... 82
24. Bericht zur Lage 85
25. Das Basler Modell 88
26. Révolution en miniature 92
27. Parteienlandschaft 95

28. Aus der Froschperspektive 98
29. Das Thema 101
30. Die Staatsumwälzung als Roman 104
31. Mit Gott anno 1798 108
32. Zusammensetzspiel Schweiz 111
33. Der Held von Zürich 114
34. Schwierigkeiten mit einem System 117
35. Singe, wem Gesang gegeben 120
36. Die Lichtgestalt 123
37. Was ist Nationalbildung... 127
38. Von höherer Warte 130
39. Der Karrierenknick 133
40. Der einsame Patriot des Jahres 1800 136
41. Woher die Leute nehmen? 139
42. Zusammenbruch der Geldwirtschaft 142
43. Kind vieler Epochen 145
44. Der sanfte Pestalozzi 148
45. Revolution oder Staatsumwälzung 152
46. Wie macht man eine Post? 155
47. Plötzlich gab es Schweizerfranken 158
48. Kriegsliteratur 161
49. Ein Bundesrat entwischt der Polizei 165
50. Ein Almanach von 1800 169
51. Aufarbeitung der jüngsten Vergangenheit 172
52. Unser Dilemma mit der Helvetik 175

1. Fünfzig leere Jahre

Nein, es sollte uns nicht noch einmal passieren, dass wir so unvorbereitet wie 1991 in ein Jubiläum schlittern und uns erst nachher zu fragen beginnen, was wir eigentlich gefeiert haben. Wenn schon von einem bedeutungsvollen Jubiläum die Rede sein soll, müssten wir zum voraus wissen, was es bedeutet oder wenigstens bedeuten könnte.

1998. Der Bund, genannt Schweizerische Eidgenossenschaft, kann die 150 Jahre seit seiner Gründung als Bundesstaat feiern. Es war zuerst von einer Landesausstellung im Tessin die Rede, dann von einer am Neuenburger-, Bieler- und Murtensee schon um zwei Jahre verschobenen Veranstaltung. Welcher Sache soll sie gelten? 1991 war der Gegenstand des Gedenkens ein Stück Pergament gewesen, der früheste der erhaltenen Bundesbriefe, aber wahrscheinlich nicht der erste. (Um 1760 war er übrigens in Basel entdeckt worden.) 1998 hingegen kommemorieren wir ein bedrucktes Papier, genannt die Bundesverfassung der Schweizerischen Eidgenossenschaft. Sie ist in ihren Grundzügen noch immer gültig, wenn auch revidiert, mehrfach abgeändert und erweitert. Sie ist das Fundament dieses Staates, genannt Schweiz. Ist sie eine Feier wert?

Wenn wir in Europa zu unseren nächsten Nachbarn blicken, finden wir – vielleicht mit Ausnahme des Fürstentums Liechtenstein – keinen Staat, der verfassungsrechtlich ähnlich lang auf einem vergleichbar stabilen Fundament aufgebaut wurde. Vor fast 150 Jahren stürzte Frankreich einen König, wurde Republik, Kaiserreich, wieder Republik, regierte Maréchal Pétain, auferstand die Republik. Die Einigung Italiens erfolgte nach 1848, das Land wurde Königreich, Diktatur, Republik. Die Habsburger Monarchie des österreichisch-ungarischen Vielvölkerstaates zerfiel, eine Republik blieb übrig, die nach dem Anschluss an Deutschland neu geboren werden musste. Für Deutschlands letzte 150 Jahre stehen Städte- und Personennamen: Frankfurt, Bismarck, Wilhelm II., Weimar, Hitler, Stalingrad, Adenauer. Das heisst: unsere Nachbarn in allen vier Richtungen der Himmelsrose erlebten immer wieder einen Neubeginn, eine wiederholte Stunde Null. Unsere Stunde Null, von der an wir zählen könnten, liegt 150 Jahre zurück, der Faden ist nie abgeschnitten, sondern weitergesponnen worden.

Geburt der modernen Schweiz also 1848? Nur ist die Bundesverfassung von diesem Jahr nicht die älteste. Die erste geschriebene Verfassung für einen Staat Schweiz in den ungefähren Grenzen des heutigen Territoriums stammt von 1798. Es ist die Verfassung der Helvetischen Republik. Geschrieben hat sie der Basler Oberstzunftmeister Peter Ochs. Die damalige französische Regierung, das fünfköpfige Direktorium, liess sie umredigieren und, äusserst nachlässig übersetzt, in Paris drucken und dann in der Schweiz verteilen. Ein paar Kantone nahmen sie freiwillig in Volksabstimmungen an, den andern wurde sie von den französischen Generälen zur Annahme befohlen. Kein schöner Anfang, und auch kein heroischer Beginn des modernen Verfassungsstaates.

Also feiern wir, wenn schon gefeiert werden soll, 1998 ein Doppeljubiläum: 200 Jahre Helvetik und 150 Jahre Bundesstaat. Man könnte noch weitergehen: 1998 werden es auch 350 Jahre sein, seit die Schweiz laut Artikel 6 des Westfälischen Friedens vom 29. Juli 1648 volle Freiheit und Exemtion vom Reich erhielt und infolgedessen den Urteilen der Reichstribunale nicht mehr unterstellt war. Blosser Zufall? Den Jahreszahlen entlang gewiss, aber geschichtlich sind diese drei Daten fast zwingend verknüpft. Die Bundesverfassung von 1848 ist ohne die Helvetische Verfassung von 1798 nicht denkbar, und die 1798 isolierte Stellung der Schweiz Frankreich gegenüber hängt letzten Endes auch mit der formellen Trennung vom Reich 1648 zusammen. Werner Meyers These Nummer 1 für 1991 lautete: «Die Eidgenossenschaft ist nicht gegründet worden, sondern allmählich entstanden.» Sie braucht eine Ergänzung: Ein Verfassungsstaat wurde die Schweiz erstmals 1798; von 1848 aber datiert die Bundesverfassung, die im Prinzip noch heute gültig ist.

Zwischen den beiden Daten liegen genau 50 Jahre. Es sind die Jahre, die in den Schulstuben schlecht wegkommen. Es sind leere Jahre – was ist damals eigentlich geschehen? Hier soll der Versuch gewagt werden, im Vorfeld des Jubiläumsjahres 1998 diese leeren Jahre ein wenig aufzufüllen und in kurzen, in sich geschlossenen Kapiteln ein paar Umstände, Personen und Ereignisse aufzutischen, die vielleicht zu Unrecht in Vergessenheit geraten sind.

Lesenswert:
Werner Meyer,
700 Jahre Schweiz im Wandel,
1993.

2. Das Spiel mit Staatsmodellen

1748 erschien in Genf eine Schrift mit dem Titel «De l'esprit des lois», also vom Geist der Gesetze, eigentlich besser mit «Über die Bedeutung von Verfassungen» zu übersetzen. (1998 wird diese Publikation ebenfalls auf 250 Jahre zurückblicken können.) Ihr Verfasser war Charles de Secondat, Baron de Montesquieu (1689–1755). Er wollte die Verfassungsmechanismen studieren, die Beziehungen zwischen Gesetzen, Regierungsformen, Sitten, Religionen, der Wirtschaft, ja sogar dem Klima untersuchen. Er verglich Demokratien, Aristokratien, Monarchien, Gewaltherrschaften. Es nahm ihn wunder, wie zum Beispiel aus einer Demokratie über Parteien und Familien eine Aristokratie entstehen konnte.

Unter den vielen Modellen, die Montesquieu theoretisch und historisch betrachtete, befand sich eines, das er die «république fédérative» nannte. Ein Schaffhauser Pfarrerssohn mit dem Namen Johann Müller, 1752 geboren, begeisterte sich an diesem Werk des Franzosen und übersetzte 1776 den Ausdruck «république fédérative» mit «Bundesrepublik». Diese Staatsform, so hatte schon Montesquieu geschrieben, fände man in Holland, Deutschland und in der Schweiz; im damaligen Deutschen Reich, zusammengesetzt aus etwa 300 verschiedenen Herrschaften, sei diese Regierungsform am wenigsten klar ausgeprägt, weil einzelne Landesherren mit auswärtigen Mächten Bündnisse abschliessen könnten. Bei den Schweizern hingegen sei das verboten. Johann Müller, später unter dem Namen Johannes von Müller als Vater der modernen Geschichtsschreibung der Schweiz berühmt geworden, überschrieb somit seinen ersten Entwurf für eine Schweizergeschichte mit dem Titel «Allgemeine Aussicht über die Bundesrepublik im Schweizerland». Damit hat die heutige Bundesrepublik Deutschland ihren Namen von einer Übersetzung aus dem Französischen durch einen Schweizer bekommen.

Wenn wir heute kreuz und quer durch Europa reisen, machen wir uns aus den verschiedenen Regierungsformen kein Problem: es sind doch alles mehr oder weniger parlamentarische Demokratien. Königinnen oder Könige sind von Staatspräsidenten kaum zu unterscheiden. Das war vor 200 Jahren sehr anders. Auch die Schweiz der XIII alten Orte mit den zugewandten Orten war verfassungsmässig ein buntes Gemisch von Demokratien, demokratischen Oligarchien, städtischen Zunftrepubliken, Aristokratien, ja sogar Monarchien wie etwa dem Fürstabt von St. Gallen. Sie zählte mehr Untertanen als freie Bürger; diese waren zum Teil Hörige, also leibeigene Untertanen, oder es hatten untertänige Herrschaften ihrerseits wieder Untertanen. Das im Ausland ertönende Loblied auf die freien Schweizer war fast schon ein touristisches Cliché. Den Baselbietern zum Beispiel wurde der Weg, auf dem sie ihre Seidenbändel in die Stadt bringen konnten, vorgeschrieben, nur bei Städtern durften sie Wein einkaufen.

Aber das gemeinsame Band, das diese zum Teil extrem verschiedenen Staatswesen als Staatenbund zusammenhielt, war im Europa vor der Französischen Revolution ein besonderes, gewissermassen aus der Reihe schlagendes Modell. Eine Art Ministerkonferenz, die Tagsatzung, vergleichbar dem Ministerrat in der Europäischen Union, versuchte es zu leiten, freilich ohne grossen Erfolg. Denn die wichtigsten Geschäfte wurden meistens ad referendum, also zur Beschlussfassung, wieder an die einzelnen Gliedstaaten zurückgenommen. Immerhin funktionierte die eidgenössische Tagsatzung besser als der Deutsche Reichstag.

Für den Ruf der Schweiz war die Organisation als Staatenbund entscheidender als das Mass der Freiheit, über die die insgesamt Schweizer genannten Leute je nach Stand und Ort verfügten. Es gehört zu den oft übersehenen Ehrentiteln der vorrevolutionären Schweiz, dass die Gründerväter Amerikas diesen Staatenbund sorgfältig studierten, Madison schrieb beispielsweise lange Notizen über den Kanton Appenzell. In der amerikanischen Unabhängigkeitserklärung von 1776 und dann in der Verfassung von 1787 wurde, im Unterschied zur Schweiz, eine entscheidungsfähige Zentralregierung begründet. Die aus 13 Kolonien entstehende grösste Bundesrepublik der Welt hatte von der XIII Orte umfassenden kleinsten Bundesrepublik gelernt. Dass man aber von nun an einen Staat nicht so sehr durch Eroberungen und Unterwerfungen, sondern auf einer geschriebenen Verfassung mit der Zustimmung der Bürger gründen konnte, war das Neue. Hinter der ersten Verfassung der Schweiz erscheinen neben den französischen Generälen die amerikanischen Unabhängigkeitskämpfer – und Montesquieu.

Lesenswert:
Paul Widmer,
Der Einfluss der Schweiz auf die amerikanische
Verfassung, in: Schweiz. Zeitschrift für Geschichte,
1988.

3. Ein Schweizer in Paris

Wir haben heute das Gefühl, einem republikanischen Staat anzugehören, der in seiner Vergangenheit treu und bescheiden regiert wurde. Auch die Literatur der Zeit – von Lavater über Pestalozzi bis zu Zschokke – wird nicht müde, den Biedersinn der Schweizer, ihr redliches und unverdorbenes Gemüt zu besingen. Zwischen den Höfen Europas mit ihren Intrigen, ihrem Luxus und den verdorbenen Sitten erschien die Schweiz wie eine moralische Insel. Fürstliches Höflingswesen blieb ihr fremd, wenn die Berner oder Bündner Aristokraten sich in Szene setzten, war das eher republikanischer Stolz.

Wir sind in unserem geschichtlichen Selbstverständnis eben Kinder oder besser Urenkel einer Revolution, die im Kern eine bürgerliche war. Die Schweizer in fremden Kriegsdiensten kommen uns als Söldner vor, ihre Offiziere machten zwar ihre Geschäfte mit Pensionen, doch wurden wenigstens die Soldaten für das Vaterland gedrillt.

Die heutige Schweizer Botschaft in Paris befindet sich an der Rue de Grenelle, in einem Palais, das einem dieser Schweizer gehörte, dem Baron Peter Viktor von Besenval (1721–1791) aus Solothurn. Sein Sohn sagte von ihm: «Herr von Besenval widmete sich abwechselnd dem Krieg, den Künsten, der Freundschaft. Er hatte Freunde in allen Gesellschaftsschichten und genoss viel Achtung. Ein grosses Vermögen, Würden, Gunst brachten seinem Leben den letzten Glanz. Unter all den Qualitäten, die Herr von Besenval besass, gibt es eine – wenn man ihr überhaupt diesen Namen geben darf –, die ich zuletzt nennen möchte: Es ist das Glück, das er ständig genoss.»

Dieser Sohn trug nicht den väterlichen Namen Besenval (ein ursprünglich savoyardisches Geschlecht, seit 1629 in Solothurn eingebürgert), sondern hiess Joseph-Alexandre de Ségur. Besenval liebte die Gattin seines Freundes de Ségur und bekam von ihr einen Sohn; hier einfach von einem Dreiecksverhältnis zu reden, träfe weder den Charakter dieser weiterhin befreundeten Männer noch die zwar verspielte und kokette, aber in menschlichen Dingen elegante Lebensweise am Hof von Louis XV., dem obersten Dienstherr Besenvals.

Besenvals Grossvater, ein treuer Parteimann der französischen Sache und Schultheiss von Solothurn, hatte 1682 vor der Stadt das Schloss Waldegg gebaut. Besenvals Vater wurde schon mit 19 Jahren Hauptmann der Schweizergarde in Paris und später Gesandter des Königs in Schweden und Polen, wo er sich mit einer polnischen Gräfin verheiratete. Als deren Sohn kam auf Schloss Waldegg Peter Viktor von Besenval 1721 zur Welt, der französische Ambassador gratulierte persönlich. Dann liess der Vater sein noch nicht sieben Jahre altes Kind nach Paris kommen, mit neuneinhalb Jahren wurde Peter Viktor Kadett bei der Schweizergarde.

Eine erstaunliche militärische Karriere unter Louis XV. folgte: Im polnischen und österreichischen Erbfolgekrieg sowie im Siebenjährigen Krieg stieg Besenval militärisch von Stufe zu Stufe, wurde reich dekoriert und, selber schon ein reicher Mann, vom König grosszügig beschenkt. Er erwarb das Palais an der Rue de Grenelle und stattete es mit einem Schwimmbad für die Schäferspiele der Epoche aus. Was niemand ahnte: Er schrieb viele Begebenheiten auf, unver-

Peter Viktor Baron von Besenval 1721 – 1791
Museum Schloss Waldegg, Solothurn

schlüsselt und in einer direkten Soldatensprache, die der Kritiker Crébillon fils bezaubernd fand. Er war schon Generalinspecteur der Schweizer Regimenter geworden, als 1774 Louis XVI. mit 20 Jahren die Nachfolge seines Grossvaters antrat und seine ein Jahr jüngere Frau Marie-Antoinette, die Tochter der Kaiserin Maria Theresia, Königin von Frankreich wurde.

Und nun sehen wir den Solothurner Aristokraten, den General der Schweizer, den im Umgang mit den Würdenträgern von Versailles erfahrenen Höfling, als Spazierbegleiter der Königin, der er seinen Freund als Minister empfiehlt, als Berater des Königs, der ihm in den kritischen Tagen des Sturms auf die Bastille 1789 das Kommando über sämtliche Truppen in Paris anvertraut. Besenval hielt die Verteidigung der Bastille für militärisch unsinnig, wollte sich nachher in die Schweiz absetzen, wurde aber verhaftet und kam vor ein revolutionäres Gericht. Er verbot es sich, um sein Leben zu bangen; seinen Freispruch feierte er mit einer Reihe von Festen zu jeweils 25 Gedecken. Einmal erschien er seinen Gästen in der Rolle des Komturs aus dem Don Giovanni; am gleichen Abend erlag er einem Herzschlag. 1805 erschienen seine Memoiren in Paris und wurden – Napoleon war bereits Kaiser – zum aufgeregten Tagesgespräch. Quel Suisse!

Lesenswert:
Jean-Jacques Fiechter,
Baron Peter Viktor von Besenval, ein Solothurner
am Hofe von Versailles,
1994.

4. Der Chevalier de Seingalt

Seine Lebensdaten lauten: geboren 1725 in Venedig, gestorben 1798 auf Schloss Dux im nordböhmischen Gebiet. Er war in jeder Hinsicht ein Sohn des 18. Jahrhunderts. Sein Lebensraum war das fürstliche Europa von Spanien bis Russland, die Höfe, die Städte, die feudale Gesellschaft, aber auch die Theater, die Salons der Literaten, die Gasthäuser und deren Hinterzimmer. Durch die Schweiz reiste er mehrmals zwischen 1749 und 1769. Er unterhielt sich mit Gelehrten, Ratsherren, Aristokraten, Zufallsbekanntschaften egal welchen Standes, machte den adligen Damen und hübschen Zofen schöne Augen und verdiente seinen Lebensunterhalt am Spieltisch.

Er ist noch heute ein Begriff, in der Schweiz so gut wie in Europa und der übrigen Welt. Freilich nicht unter dem Namen eines Chevaliers de Seingalt, sondern als Giacomo Girolamo Casanova, Frauenheld und berühmt durch seine sechsbändigen Memoiren. Diese haben eine merkwürdige Geschichte: In seinen alten Tagen wurde Casanova Bibliothekar des Grafen von Waldstein auf Schloss Dux, genoss als schon zu seiner Zeit berühmt-berüchtigter Mann eine Art Gnadenbrot. Viel zu tun hatte er offenbar nicht, so dass er im Turmzimmer des Schlosses seine Erinnerungen zu redigieren begann. «Aber ich schreibe in der Hoffnung, dass meine Geschichte nicht das Licht der Öffentlichkeit erblicken werde, denn abgesehen davon, dass die niederträchtige Zensur, dieses Löschhorn des Geistes, den Druck niemals erlauben würde, so hoffe ich, in meiner letzten Krankheit so vernünftig zu sein und alle meine Hefte vor meinen Augen verbrennen zu lassen.»

Auch dies ein eleganter Schwindel à la Casanova: Die Memoiren blieben erhalten. Sie waren französisch geschrieben, sie wurden in willkürlicher Auswahl ins Deutsche übersetzt und zurückübersetzt, besonders seit dem ersten Drittel des 19. Jahrhunderts. Bald sollten die erotischen Passagen möglichst verharmlost, bald im Gegenteil weiter ausgeschmückt werden – der originale Casanova ging mehr und mehr verloren. Dieweil soll das Originalmanuskript wohlverwahrt in einem Panzerschrank des Verlages Brockhaus liegen. Die von K.H. Kronberg nach dem Zweiten Weltkrieg besorgte Ausgabe in der Übersetzung von Heinrich Conrad verspricht, den ganzen Casanova zu bringen, einen Autor, von dem Stefan Zweig fast seufzend sagte: «Es hilft nichts, es hilft nichts, dieser Giacomo Casanova gehört nun einmal zur Weltliteratur.»

Die Memoiren Casanovas enden mit dem Jahr 1774, also zum Zeitpunkt, da Louis XVI. die Nachfolge seines Grossvaters antrat. Historische Exaktheit dürfen wir von Casanova nicht erwarten, man sieht es schon an Einzelheiten. Wer würde zum Beispiel heute zu Fuss auf einem abendlichen Bummel von Zürich bis Einsiedeln spazieren? Für Ereignisse ist Casanova keine zuverlässige Quelle, desto wichtiger ist er für das, was wir heute Mentalitäten nennen – Zeitgeist, Gesellschaftsformen, Wertvorstellungen, Lebensgefühle. Die erotischen Abenteuer sind gewiss amüsant, doch verglichen mit der heutigen Literatur oft geradezu dezent. Bei keinem andern aber als bei ihm erfahren wir so lebensnah, wie die obere und manchmal auch die unterste Gesellschaftsschicht in der Mitte des 18. Jahrhunderts lebte und handelte.

Wir finden uns in adligen Spielsalons, bei Rousseau (eine Enttäuschung für Casanova), bei Voltaire, wo das Zwiegespräch sofort auf die Souveränität des Volkes und sein Verhältnis zu Monarchen geriet. Laut Casanova soll Voltaire – wir sind im Jahr 1760 – gesagt haben: «Ich will, dass der Herrscher einem freien Volk gebiete, dass er dessen Führer sei auf Grund eines Vertrages, der sie gegenseitig bindet und der ihn verhindert, jemals Willkür anzuwenden.»

Die Schweiz erscheint in Casanovas Berichten des dritten Bandes ausführlich. Wir sehen, wie er im Gasthof zum Schwert in Zürich logiert, wie ihm die Bibliothek des Klosters Einsiedeln mit ihren mindestens 100 Jahre alten Büchern Schrecken einjagt. Wir sind mit ihm in der Ambassadorenstadt Solothurn mit ihren Intrigen um den französischen Gesandten de Chavigny und dessen listigen Spielen, begleiten ihn in die Bäder Berns in der Matte. Die Schilderung, die er von Albrecht von Haller gibt, ist von grosser Bewunderung erfüllt.

Ob akademische Lehrer von heute, wenn sie über das 18. Jahrhundert reden, ihren Studierenden die Memoiren Casanovas zur Lektüre empfehlen, weiss ich nicht. Aber unzweifelhaft gehört der (falsche) Chevalier de Seingalt zu den Autoren der Weltliteratur und ist eine grossartige (mit Vorsicht zu geniessende) historische Quelle.

Lesenswert:
Casanova, Memoiren,
Verlag Albert Langen,
ohne Jahr.

5. Verkaufen wir die Uni nach Amerika!

Thomas Jefferson, der dritte Präsident der USA, nannte es ein «grossartiges Projekt», nämlich die Verpflanzung der Genfer Akademie in die Vereinigten Staaten, die noch nicht einmal 20 Jahre seit ihrer Unabhängigkeit von der englischen Krone hinter sich hatten. Er meinte das ernst, schrieb am 6. Februar 1795 an John Adams, der zwei Jahre später der zweite Präsident der USA werden sollte: «...die durchwegs ganze, mit ihrer vollständigen Organisation, und mit ihr zusammen alle ihre Mittel zur Ausbildung» – also meinte er die von Calvin gegründete Akademie samt all ihren Professoren, Büchern und wahrscheinlich auch Studenten, einfach so, komplett über den Atlantik verschifft. Typisch amerikanisch, diese Mischung aus Naivität, Vereinfachungslust und Zuversicht in das Machbare!

Vorsicht. Der Plan war nicht einem amerikanischen Kopf entsprungen, sondern ging auf den Genfer François d'Ivernois zurück (1757–1842). 1773–77 studierte er an der Universität Genf und war ein Kommilitone von Albert Gallatin (1761–1849), der 1780 nach Amerika auswanderte, Professor in Harvard und 1793 Mitglied des Amerikanischen Senats wurde und Bücher über die Sprache der Rothäute verfasste.

D'Ivernois gründete nach seinem Abschlussexamen einen Verlag und begann, eine komplette Ausgabe der Werke Rousseaus zu drucken, die er allerdings nicht abschliessen konnte. An den Verfassungskämpfen von 1782 in Genf nahm er auf der demokratischen Seite gegen das aristokratische

Regiment teil, suchte deren Niederschlagung durch bernische, sardinische und französische Truppen zu verhindern – vergeblich. Weil er nicht mehr in einem ancien régime leben wollte und leben durfte, ging er nach England, wo er die Regierung bestürmte, den unzufriedenen Genfer Uhrmachern und Juwelieren Land und Geld zur Verfügung zu stellen, damit sie in Irland ein Neu-Genf gründen könnten.

Von seinen ursprünglich liberalen Ideen begann er sich langsam zu distanzieren, nicht zuletzt auch unter dem Einfluss von John Adams, damals noch Botschafter der Vereinigten Staaten in London. 1790 – Frankreich war jetzt ein revolutioniertes Land – kehrte er nach Genf zurück, sah aber bald, dass die Revolutionierung seiner Vaterstadt nach jakobinischem Vorbild nicht aufzuhalten war – Genf würde, so glaubte d'Ivernois, geradewegs zur Hölle fahren. 37 Todesurteile wurden gefällt, Geistliche und Professoren waren den Genfer Revolutionären ein Dorn im Auge, Künste und Wissenschaften seien Fächer für Aristokraten. D'Ivernois, der wieder nach London geflüchtet war, veröffentlichte 1794 ein leidenschaftliches Pamphlet «La Révolution française à Genève», widmete es John Adams, schickte es an Gallatin und Jefferson. Und jetzt machte er seinen Plan bekannt: Die amerikanische Bundesregierung oder ein einzelner Staat solle für 300 000 Dollar Land an eine von d'Ivernois zu gründende Gesellschaft abtreten; aus dem Ertrag würden sie dann einen Universitätscampus für 50 000 Dollar bauen, der restliche Betrag ginge in eine Stiftung, aus deren Zinserträgen man die Professoren honorieren könne.

Gallatin gefiel die Idee nicht. Aber die Amerikaner waren begeistert, auch George Washington, der erste Präsident, und sein Secretary of State Randolph, der an John Adams schrieb: «Mit der Umsiedlung der Akademie liesse sich eine klaffende Lücke im Bildungswesen der Vereinigten Staaten schliessen.» Jefferson erwog ernsthaft die Möglichkeit, selber Kanzler dieser importierten Universität zu werden, sie hätte in Virginia angesiedelt werden sollen. Er bestürmte George Washington, sein eigenes Geld zur Verfügung zu stellen; Washington beriet sich darüber mit James Madison, dem späteren vierten Präsidenten der USA. Dann aber, als in Genf das revolutionäre Geschehen verebbte und die Professoren nicht länger um ihr Leben fürchten mussten, verlor das Vorhaben an Aktualität. Den antibritischen Anhängern Jeffersons wollte auch nicht recht gefallen, dass d'Ivernois vom englischen König einen Adelstitel bekommen hatte und eine Pension bezog. 1814 war d'Ivernois wieder in Genf und reiste mit Pictet de Rochemont als Genfer Delegierter an den Wiener Kongress.

Das Bild von der Revolutionierung der Schweiz ist noch immer durch die Vorgänge in der Waadt und in Basel, vom Fall Berns und der Heimsuchung Nidwaldens geprägt. Blicken wir jedoch auf Genf, schiebt sich die ganz andere Verbindung Schweiz – USA ins Blickfeld, die dazu geführt hat, dass man die beiden Staaten als Schwesterrepubliken bezeichnen konnte.

Lesenswert:
James H. Hutson,
The Sister Republics,
Die Schweiz und die Vereinigten Staaten
von 1776 bis heute,
1992.

6. Der Untergang des Fürstbistums

Die Reformation in Basel hatte 1529 den Bischof endgültig aus Basel nach Pruntrut vertrieben, sein Domkapitel sass zuerst in Freiburg im Breisgau, kam im späteren 17. Jahrhundert nach Arlesheim. Der wichtigste Fürstbischof nach der Reformation war Jakob Christoph Blarer von Wartensee, dem das Kunststück gelang, sich 1579 mit den sieben katholisch gebliebenen Ständen der Eidgenossenschaft so zu verbünden, dass staatsrechtlich die Frage, ob das Fürstbistum nun Teil der Eidgenossenschaft oder ein deutsches Reichsland sei, unentschieden blieb.

Die Mehrheit der Untertanen des Fürstbischofs sprach französisch. Deutsch waren die Ämter Zwingen, Pfeffingen, Birseck, Schliengen, Biel. Biel war evangelisch und als Stadt zugewandter Ort der Eidgenossenschaft, auch die fürstbischöflichen Untertanen im Südjura bekannten sich mehrheitlich zum reformierten Glauben. Die weltliche Herrschaft des Fürstbischofs war nicht identisch mit seiner Diözese; kirchlich herrschte er auch im Oberelsass, im Fricktal, in grossen Teilen des Kantons Solothurn. Seit dem Übergang des Elsass an Frankreich war das Fürstbistum im Jura als Reichsland eine Exklave geworden. Die Fürstbischöfe näherten sich Frankreich an, seit Mitte des 18. Jahrhunderts unterhielt das Hochstift ein eigenes Regiment in französischen Diensten. 1780 schloss Fürstbischof Friedrich von Wangen-Geroldseck mit Louis XVI. einen Allianzvertrag, der Frankreich das Recht gab, im Fürstbistum zu intervenieren. Die Vereinbarung sollte sich als unheilvoll erweisen.

1782 wurde Joseph Sigismund von Roggenbach neuer Fürstbischof, ein auf Reformen bedachter Herr, der die fürstlichen Finanzen sanierte, das Armenwesen und die Schulen reformierte. Dann brach in Frankreich die Revolution aus, das Hochstift verlor – wie Basel – die Einkünfte aus dem Elsass. Schlimmer: im Fürstbistum selber wurde es unruhig, Geistliche und Beamte bekannten sich zu den neuen Ideen, die Bauern begannen, den Zehnten zu verweigern. 1790 wurden dem Fürstbischof Beschwerden vorgelegt, die eine Lockerung des Jagdregals verlangten, die Immunität der Privilegierten abschaffen und politische Gleichheit einführen wollten. Die zu Hilfe gerufenen (katholischen) Eidgenossen zögerten; dafür erreichte der nach Wien geschickte Domherr Heinrich von Ligerz, dass kaiserliche Truppen intervenierten, die dabei Basler Territorium durchqueren mussten.

Mit der Kriegserklärung Frankreichs an den deutschen Kaiser im April 1792 verschlimmerte sich die Lage des Fürstbistums. Die Eidgenossen wollten nicht helfen, der Kaiser gedachte seine Truppen zurückzuziehen, das revolutionäre Frankreich bezeichnete die Präsenz kaiserlicher Soldaten im Fürstbistum als einen Kriegsgrund. Wie die Truppen tatsächlich abzogen, flohen zahlreiche Beamte und Geistliche auf eidgenössischen Boden. Der französische General Custine marschierte ein und fand zu seinem Erstaunen die Residenz verlassen. Mit ihm erschienen die vorher geflüchteten Revolutionsanhänger, gründeten jakobinische Clubs und erklärten am 5. November 1792 Fürstbischof und Domkapitel für abgesetzt. Am 17. Dezember riefen sie mit Hilfe Frankreichs die Raurachische Republik aus.

Die Raurachische Republik war nicht mehr als ein kurzes Zwischenspiel. Schon im Februar 1793 annektierte

Frankreich das ehemalige Fürstbistum als eigenes Departement Mont-Terrible. Jetzt gehörten zum Beispiel Allschwil und Arlesheim zu Frankreich. Für den Jura-Südfuss dagegen konnte vorerst ein Einbezug in die schweizerische Neutralität vereinbart werden, der Fürstbischof galt noch als Landesherr. Nach dem Tod Roggenbachs wurde Franz Xaver von Neveu letzter Fürstbischof. Er versuchte, seine Herrschaft in den südlichen Teilen wieder einzurichten, aber die immer hilfloser operierende Eidgenossenschaft verhinderte dies, dann marschierten auch dort die Franzosen ein.

Schon zu Beginn des Rastatter Kongresses im Dezember 1797 war klar, dass die weltlichen Herrschaften geistlicher Oberhäupter säkularisiert werden würden. Im Winter 1800/1 gingen auch die Einnahmen aus dem helvetisch gewordenen Fricktal verloren. Im Vorfeld des sogenannten Reichsdeputationshauptschlusses von 1803 beschlagnahmte der badische Markgraf die letzten Herrschaften des Fürstbischofs. Nach der Verbannung Napoleons 1814 flackerte die Möglichkeit noch einmal auf, das alte Fürstbistum wieder herzustellen, aber am 20. März 1815 wurde es am Wiener Kongress Bern als Ersatz für den Aargau und die Waadt zugesprochen; das Birseck fiel an Basel.

Endgültig gab es keinen Fürstbischof mehr.

Lesenswert:
Marco Jorio,
Der Untergang des Fürstbistums Basel,
1982.

7. Der Basler Frieden

Nicht der Frieden von Basel von 1499 zwischen den Eidgenossen und Österreichern ist gemeint, sondern der Basler Frieden vom 5. April 1795 zwischen Frankreich und Preussen. Ihm schloss sich kurze Zeit später der ebenfalls in Basel geschlossene Frieden zwischen Frankreich und Spanien an. Diese Friedensschlüsse liegen zeitlich in der Spanne zwischen dem Ausbruch der Französischen Revolution 1789 und der Staatsumwälzung von 1798. Basel und damit die Schweiz waren nur Verhandlungsort, politisch und militärisch war die Eidgenossenschaft nicht involviert.

Ein Frieden beendet einen vorausgegangenen Krieg. Ein Frieden, der einen Krieg nicht wenigstens für ein paar Jahre, lieber noch für eine Generation, am liebsten für immer, zum Abschluss bringt, ist es kaum wert, dass man seiner gedenkt. Weit von Basel entfernt schrieb ein Mann im gleichen Jahr 1795 einen Aufsatz, der den Titel «Vom ewigen Frieden» trug. Immanuel Kant. Frieden, der letzte Zweck aufgeklärten Denkens. Der Frieden müsste ewig sein – wie sollen die Menschen das bewerkstelligen?

1792 hatte das revolutionäre Frankreich dem «König von Böhmen und Ungarn» den Krieg erklärt. Dieser König war der deutsche Kaiser; die Adressierung sollte zum Ausdruck bringen, dass Frankreich nicht den Krieg mit dem Deutschen Reich suchte, sondern einem Landesfürsten am Oberrhein und in den österreichischen Niederlanden, dem heutigen Belgien, entgegenzutreten gedachte. Der Kaiser rief die deutschen Fürsten zu Hilfe, Friedrich Wilhelm II. von

Preussen begab sich in die Koalition mit dem Kaiser. Darum heisst dieser Krieg der Erste Koalitionskrieg. Er endete aber nicht mit dem Basler Frieden von 1795, sondern dauerte bis 1799. In seinem Gefolge entstanden im Januar 1795 die Batavische Republik, 1797 die Cisalpinische Republik, 1798 die Helvetische Republik. Für das politische Geschehen war der Frieden von Campo Formio vom 17. Oktober 1797 wichtiger, denn jetzt musste auch Österreich vor dem erfolgreichen General Bonaparte sein Haupt beugen. Es verlor alle linksrheinischen Besitzungen, die österreichischen Niederlande vor allem, und erhielt als Kompensation Venedig.

Der Basler Frieden also nicht mehr als eine Zwischenepisode? Es kommt auf den Blickwinkel an, aus dem man ihn betrachtet. Entscheidend ist, dass mit dem Basler Frieden das revolutionäre Frankreich, nach der Enthauptung des Königs endgültig zur Republik geworden, zum ersten Mal überhaupt als völkerrechtlicher Partner anerkannt wurde: Der preussische König schloss Frieden mit einem Staat, von dem man bisher gar nichts hatte wissen wollen. Dann bestätigte der Basler Frieden auch, dass der lehensrechtliche Verband des Deutschen Reiches vor der Auflösung stand, der militärisch mächtigste Reichsfürst verliess den Kaiser. Er hatte dazu gute Gründe: Im Osten seines Herrschaftsgebietes konnte er sich im Einverständnis mit der russischen Zarin polnische Gebiete einverleiben. Diese waren ihm wichtiger als das linksrheinisch gelegene Herzogtum Kleve. Zum ersten Mal verzichtete also ein deutscher Fürst auf Gebiete links des Rheins, damit fand der Anspruch Frankreichs auf den Rhein als natürliche Grenze Anerkennung auf deutscher Seite. Dies war eine entscheidende Weichenstellung.

Der Basler Frieden postulierte die militärische Neutralisierung preussischer Truppen an der westlichen Reichsgrenze. Das konnte nur bedeuten, dass Frankreich am Oberrhein freie Hand bekam. Hier ging es darum, den Flickenteppich der weltlichen und geistlichen Herrschaften rechts vom Rhein, also die Markgrafschaft, den vorderösterreichischen Breisgau, die Ämter des Basler Füstbischofs und des Bischofs von Konstanz, entweder zu republikanisch eingerichteten Satellitenstaaten Frankreichs umzubauen oder – da das Pariser Direktorium keine Revolution mehr exportieren wollte – die dortigen Fürsten in eine französische Abhängigkeit zu bringen. Unter diesem Gesichtspunkt war der Basler Frieden aufregend: Auf der einen Seite sehen wir den in Basel aktiven französischen Legationssekretär Théobald Bacher in Verhandlungen mit süddeutschen Jakobinern; auf der anderen Seite taucht in der Stadt Sigismund von Reitzenstein auf, der das Geschehen in den Kulissen verfolgt und nach Mitteln und Wegen sucht, um aus dem badischen Markgrafen einen von Frankreichs Gnaden abhängigen König oder mindestens einen Grossherzog zu machen.

Ohne Basler Frieden wäre schliesslich auch die Epoche, die zu den strahlendsten Kapiteln des deutschen Geisteslebens zählt, nicht entstanden: die Klassik von Weimar mit Schiller und Goethe.

Lesenswert:
Christian Simon (Hrsg.),
Basler Frieden 1795,
Revolution und Krieg in Europa,
1995.

8. Visionen, Reformen, Reformunfähigkeit

Keine Visionen, Reformunwilligkeit und sogar Reformunfähigkeit sind Vorwürfe, die sich auch die Schweiz von heute anhören muss. Zu Recht?

Springen wir einmal 200 Jahre zurück in die Zeit vor der Staatsumwälzung von 1798. Als der Magdeburger Heinrich Zschokke 1795 erstmals die Schweiz betrat, küsste er den Boden, bewegt von einem einzigen Wunsch: «Diese Felsenburg der Freiheit! Hat sie keinen Winkel für mich?» Dann aber, als er die Schweiz kennenlernte, folgte ein Zustand der Ernüchterung: «Denn wahrhaftig, die politische und bürgerliche Freiheit ist den meisten Einwohnern der Schweiz kümmerlicher zugemessen, als den Unterthanen deutscher Fürsten.» Aus Stäfa schrieb Goethe 1797 an den Herrn Geheimrat Voigt: «Die öffentlichen Angelegenheiten sehen in diesem Lande wunderlich aus...; an vielen Orten herrscht Unzufriedenheit, die sich hie und da in kleinen Unruhen zeigt.» Einen Monat später zieht er in einem Brief an Schiller Bilanz: «Es ist wunderbar, wie alte Verfassungen, die bloss auf Sein und Erhalten gegründet sind, sich in Zeiten ausnehmen, wo alles zum Werden und Verändern strebt.»

Es ist offensichtlich: Dieses über bald 500 Jahre gewachsene Gebilde der alten Eidgenossenschaft geriet in den Augen auswärtiger Beobachter schon vor dem Schicksalsjahr 1798 in eine politische Krise. Dabei war das 18. Jahrhundert, vor allem in seiner zweiten Hälfte, ein durchaus reformfreudiges Jahrhundert, auch eines, das in den der Schweiz benachbarten Staaten Reformen zu verwirklichen verstand.

Aber es waren – und hierin liegt ein entscheidender Unterschied zum eidgenössischen Staatskörper – aufgeklärte Fürsten, die diese Reformen in der Schulung, in der Landwirtschaft, im Bergbau und der Waldbewirtschaftung kraft ihrer Machtfülle durchsetzten, etwa Karl Friedrich von Baden-Durlach, Joseph II. von Österreich, Friedrich II. von Preussen. Die politisch aus kleinsten Partikeln zusammengesetzte Eidgenossenschaft hatte keine solchen Fürsten, sondern immer wieder anders zusammengesetzte Ratsgremien, die sich gegenseitig durch Interessenkonflikte blockierten. Die gemeinsame Tagsatzung war eine praktisch handlungsunfähige Delegiertenkonferenz. In der Biografie des Basler Ratschreibers Isaak Iselin (1728–1782) lässt sich nachlesen, wie reformwillige Schweizer an den politischen Gestaltungsmöglichkeiten in ihrem eigenen Land verzweifelten. Sie flüchteten ins Buch.

Oder sie flüchteten in gesellschaftliche Vereinigungen, die sich jenseits der politischen Strukturen etablieren liessen. In den Städten bildeten sich ökonomische Gesellschaften, die, angeregt durch französische und englische Publikationen, nach Verbesserungen in der Landwirtschaft suchten und nach Wegen, wie sich auch der Bauernstand aufklären liesse.

Gesamtschweizerisch bedeutungsvoll wurde die Helvetische Gesellschaft, 1760 durch Isaak Iselin und die Zürcher Salomon Hirzel und Salomon Gessner gegründet, die in Bad Schinznach regelmässig einmal pro Jahr zu tagen begann. Hans Caspar Hirzel gab ihr den Namen und das Programm, «dem Verderben der Zeit zu steuern, die veraltete Liebe unter den Eidgenossen zu verjüngen und die Staatstugenden wieder aufkeimen zu machen». Die Ideenfülle dieser Gesellschaft, die sich bis 1798 regelmässig versammelte, war beeindruckend; an Visionen im pädagogischen, ökonomischen, landwirtschaftlichen und militärischen Bereich fehlte es nicht, auch nicht an patriotischen Gefühlen, man sang die von Johann Caspar Lavater (1741–1801) gedichteten Schweizerlieder. Aber obwohl in ihr selber auch Mitglieder von städtischen Räten sassen, konnte die Gesellschaft, die ein gemeinsames Vaterland über die kantonalen und konfessionellen Grenzen hinweg postulierte, den Zugang zu einer politischen Veränderung der Verhältnisse nicht finden.

Joseph Anton Felix von Balthasar (1736–1810) schrieb schon 1758, dass es ohne die «wunderbarlichste Staatsveränderung» sehr schwer sei, sich aus den verderbten und verwickelten Verhältnissen in der Eidgenossenschaft herauszuwinden. Iselin selber glaubte, dass nur noch der Einbruch einer fremden Macht – «ein Eroberer» – die Schweiz reformieren könne. Die merkwürdige Ahnung eines bevorstehenden Umbruchs lastete auf dem Land, die in den Jahren nach dem Ausbruch der Revolution in Frankreich so deutlich wurde, dass Goethe 1797 aus Stäfa nach Weimar schrieb: «Die Lage ist äusserst gefährlich, und es übersieht niemand, was daraus entstehen kann.»

Lesenswert:
Ulrich Im Hof und François de Capitani,
Die Helvetische Gesellschaft,
1983.

9. Der Leseschub

Die Älteren von uns haben das Aufkommen des Fernsehens selber erlebt. Das neue Medium hat unser Bild von der Welt, unsere Gesellschaft und auch die Politik erheblich verändert. Gab es schon früher solche medialen Umbrüche? Sicher ist, dass der Humanismus und die Kirchenreformation, ja die ganze Wissenschaftlichkeit der modernen Welt, ohne die Erfindung des Buchdrucks nicht möglich gewesen wären.

Eine weniger spektakuläre, aber in ihren Folgen vergleichbare Entwicklung ist das, was hier der Leseschub genannt wird. Er beginnt im deutschen Sprachraum im letzten Viertel des 18. Jahrhunderts. Gelesen wurde schon in der Antike und vorher, gelesen wurde im Mittelalter in den Klöstern, und nach der Erfindung des Buchdrucks las ein ständig wachsendes Publikum, das man das gebildete nennen kann, das aber war nicht identisch mit dem Volk. Um 1750 bildeten lesende Bäuerinnen oder Bergmänner, Hebammen oder Pferdeknechte die Ausnahme. Das Lesen war beim «gemeinen» Mann und den Frauen ausserhalb der Städte eher ein mühseliges Buchstabieren aus einem Kalender oder aus der Bibel.

Um 1775 – der Zeitpunkt lässt sich schlecht eingrenzen – ist ein zunehmendes Lesebedürfnis feststellbar. Von den gebildeten Schichten verbreitet es sich in die Häuser der Handwerker und Krämer, findet auch Eingang in einzelne Bauernstuben. Es wird zur Entdeckungsreise, wie wir bei Ulrich Bräker verfolgen können. Wir haben es im Prinzip noch mit einer ständisch gegliederten Gesellschaft zu tun, Adel und Geistlichkeit sind etwas für sich. Der dritte Stand teilt sich auf in die städtischen Bürger, die Hintersassen ohne politische Rechte und die Bauern. Der Ausdruck «Volk», sofern er die Gesamtheit der Menschen in einem Staatswesen meint, beginnt sich erst zu bilden; «Volk» meint eher noch den grossen Haufen neben Adel, Geistlichkeit und gebildeten Stadtbürgern.

Datieren aber lässt sich ein kleiner Schritt in dieser Entwicklung des Leseschubs. 1780 erscheint in Oettingen (Franken) eine Zeitung mit dem Titel «Monathliche Volks-Zeitung». Sie richtet sich ausdrücklich an den «gemeinen Mann», versteht sich selber als eine Alternative zum «Bibellesen».

Volkszeitung – das war der entscheidende Begriff. Er nistete sich ein, griff auch in die Schweiz über. Es entstand, langsam und stufenweise, eine lesende Öffentlichkeit über den Kreis der Gebildeten hinaus. Unterstützt wurde dieser Prozess durch eine zweite Entwicklung: das Bedürfnis aufgeklärter Magistraten und ökonomischer Gesellschaften, mit dem Mittel von Publikationen die Bauernschaft zu besseren Bewirtschaftungsmethoden zu bewegen. «Das edle Bauernleben» (Nürnberg 1769), «Sonntägliche Unterredungen einiger Landleute» (Braunschweig 1775), «Freund des Landmanns» (Wien 1779) nannten sie sich. Und nun musste man auch daran denken, wie man in den Volksschulen, wo oft ausgediente Soldaten die Lehrkräfte stellten, den Leseunterricht verbessern sollte.

In Berlin machte sich Karl Philipp Moritz (1756–1793, Autor des «Anton Reiser») an die grundsätzlichen Aspekte dieses Leseschubs und entwarf 1784 das «Ideal einer vollkommenen Zeitung». «Schon lange», schrieb er, «habe ich diese Idee mit mir herumgetragen, ein Blatt für das Volk zu schreiben, das wirklich von dem Volke gelesen würde». Seine ideale Zeitung wäre «der Mund, wodurch zu dem Volke gepredigt, und die Stimme der Wahrheit, so wohl in die Palläste der Grossen, als in die Hütten der Niedrigen dringen kann.» Moritz sah seine ideale Zeitung im Dienst der Aufklärung, eine Beschränkung auf blosse Bekanntmachungen der neusten Weltbegebenheiten lag nicht in seinem Sinn.

1798 schrieb der dank seinem Volksbuch «Lienhard und Gertrud» schon über die Landesgrenzen hinaus bekannte Heinrich Pestalozzi: «Die öffentliche Meinung hat jetz ein Gewicht, das sie sint Tellens und Winkelriedens Zeiten, oder wenigstens sint der Reformation, nicht mehr hatte.» Die Regierung der frischgebackenen Helvetischen Republik plante unter ihrem Minister Philipp Albert Stapfer sofort ein eigenes Zeitungsorgan. Am 8. September 1798 erschien das «Helvetische Volksblatt», Redaktor war Pestalozzi, der sich mit seiner Produktion ganz dem ideologischen Kurs der Regierung verpflichtet fühlte. Die Zeitung war kein Erfolg, im Februar 1799 beschlossen die Behörden ihre Einstellung. Andere und – wie noch zu zeigen sein wird – geschicktere Organe traten an ihre Stelle. Der Leseschub aber wirkte weiter und machte aus dem «gemeinen Volk» im Lauf einer Generation das Volk der Gesamtheit aller Bürger.

Lesenswert:
Holger Böning,
Zeitungen für das «Volk», in: Französische Revolution und deutsche Öffentlichkeit,
1992.

10. Ahnungen

Für den Zeitraum zwischen der Französischen Revolution 1789 und dem Untergang der alten Eidgenossenschaft ist man schon immer aufmerksam gewesen auf verschiedene Unruhen – in der Waadt, am Zürichsee in Stäfa, im St. Gallischen Fürstenland in Gossau –, da man in ihnen Vorboten der helvetischen Staatsumwälzung erkennen musste. Dabei vergisst man gern, dass es in nächster Nähe zur Schweiz noch viel turbulenter zuging: Revolution in Genf, Einverleibung des Basler Fürstbistums in Frankreich, republikanische Verschwörungen in Süddeutschland mit ausgearbeiteten Umsturzplänen. Die grosse Revolution in Frankreich wurde tatsächlich zum eigentlichen Auslöser für die Umgestaltung ganz Europas.

Aber wie war es denn vorher, vor dem folgenreichen Jahr 1789? War da die Schweiz der XIII Orte, ein republikanischer Staatenbund, umgeben von Monarchien, ein in sich selbst ruhendes, zufriedenes und glückliches Gebilde? Im «Schweitzerschen Museum» von 1785 schrieb Johannes Bürkli (1745–1804): «Ein Land, das auf der Karte Europens ein beynahe unbemerkbares Pünktgen ist, und gleichwohl in seinem Schoosse alle Regierungsarten vereint: Despotische, Monarchische, Oligarchische, Aristokratische, Aristodemokratische, Demokratische alles durcheinander geworfen, findet man hier in Einer Nuss.»

Eine sehr zuversichtliche und für die Zukunft beruhigende Schilderung eidgenössischer Zustände konnte das nicht sein. Im gleichen Heft schrieb Karl Viktor von Bonstetten (1745–1832) über die Erziehung der Söhne aus Berner regimentsfähigen Familien: «Ist der Präzeptor (gemeint ist der private Hauslehrer) abgedankt, so ist der Jüngling sich selbst, d.i. dem Müssiggang, und auf einmal allen Lastern die seinem Alter, allen die einer Hauptstadt eigen sind, dem Stolz, der Verschwendung, Ausgelassenheit und Verachtung aller Gesetze überlassen, bis selbst Erfahrung in späthen Jahren ihn, oft nach Verlust seines Vermögens, seiner Gesundheit und seiner bessten Seelenkräfte, aus dem Pfuhl losarbeitet.» Es folgt der merkwürdige Satz: «Und sollte die letzte Stunde der Republik anrücken, so wäre sie – nur eine Stunde: Der tapfere Mann stirbt nur einen Augenblick; der Weichling stirbt jede Stunde, weil er sein Nichts in jeder Stunde fühlt.» Bonstetten dachte mit Grausen an die nach seiner Meinung völlig verfehlte Erziehung der Berner Aristokratensöhne und sah einen Zustand voraus, «wo der Fall so unmerklich wäre, dass die Republick schon verloren ist, ehe sie noch ihres Sinkens gewahr wird».

Es sind Ahnungen, vier Jahre vor der Französischen Revolution, 13 Jahre vor der helvetischen Staatsumwälzung in Zürich gedruckt. Im nächsten Jahrgang 1786 schreibt Georg Escher von Berg (1752–1837) aus Basel, dass der Zustand der Schweiz «bey mir dem Gedanken immer mehr Nahrung giebt, dass wir bald ändern und umkehren müssen, wenn unsre Eydsgenosssschaft nicht eine fürchterlichere Revolution ... in einem ganz andern Sinne erfahren soll ... Wollen wir dann noch gar alle Ausschweifungen des Auslands nachahmen, so bleibt uns nichts mehr übrig, als langsamer oder schneller zu verbluten, und endlich zur Schwäche, Kleinheit und Niedrigkeit unsrer benachbarten Reichsstädtlein herabzusinken.»

In seiner «Geschichte der Stadt und Landschaft Basel», 8. Band, zitiert Peter Ochs ausführlich einen Brief von Isaak Iselin (1728–1782) an Johann Rudolf Frey (1727–1799), den Basler in französischen Diensten, sogar schon vom 14. April 1770: «Je mehr ich nachsinne, je abscheulicher finde ich den Zustand und die Verfassung unsers Vaterlandes.» Er stehe darüber in einem Briefwechsel mit einem nicht weiter genannten Herrn, der ihm dartun möchte, dass nichts so gerecht sei als die Verfassung seines Kantons. Aber Iselin habe sich vorgenommen, «ihm nächstens, in einer, obgleich kurz gefassten Antwort, dennoch zu melden, dass meiner Meinung nach, die Unterthanen Jhro Gnaden aller Kantone nicht glücklich seyn werden, bis ein mächtiger Nachbar gnädig geruhen wolle, sie zu erobern». Und Ochs, der im November 1797 Bonaparte persönlich in Basel begegnet war, fuhr fort: «Dieser von Jselin gleichsam geweissagte Nachbar zeigte sich gegen Ende des Jahres 1797, und zwar zur Bestürzung Aller, ohne Unterschied... Er erschien, und alle Knechtschaft hörte für immer auf; von innen, nämlich.»

Das heisst: Die Schweiz vor der grossen Revolution war sich ihrer Krise durchaus bewusst, und gerade die besten Köpfe konnten sich ihre Zukunft immer weniger vorstellen.

Lesenswert:
Johann Heinrich Füssli,
Schweitzersches Museum,
1783-1790.

11. Austritt aus der Eidgenossenschaft

Der Mann heisst Josua Hofer. Geboren wurde er 1721, gestorben ist er am 2. Juli 1798, also kurz nach dem Untergang der alten Eidgenossenschaft. Er hat die Staatsumwälzung in der Schweiz gerade noch erlebt, aber nicht nur diese. Was seiner Stadt zustiess, hat er getreulich aufgeschrieben, sogar in offiziellem Auftrag und, als ihr erster Diplomat, ein Kenner der Materie.

Studiert hatte er in Basel und Leipzig, war in Deutschland viel herumgereist. Seinen juristischen Doktor machte er an der Universität Basel, aber Sprachen interessierten ihn ebenso. Ein grosser Name zu seiner Studienzeit war Gottsched, mit dessen literarischen Schriften er sich auseinandersetzte. Die geografische und militärische Lage seiner Heimatstadt machte es notwendig, dass er sich auch das Französische aneignete, er darf als zweisprachig gelten. Die Chronik seiner Stadt aber schrieb er auf deutsch. Bedauerlich für uns, dass das letzte Datum, das er in seinen Aufzeichnungen notierte, dasjenige des 26. Oktober 1797 ist. In den folgenden acht Monaten bis zu seinem Tod hat er nicht mehr geschrieben. Aber er war noch präsent, sonst hätte man ihm nicht 10 000 Pfund als Anerkennung für seine Dienste um das Vaterland geschenkt.

Das war im Frühjahr 1798, nach erfolgter Staatsumwälzung. Er stand damals in seinem 50. Dienstjahr, da er schon 1748 die Stelle als Stadtschreiber und Kanzler angetreten hatte. Er war somit eine typische Figur des alten Regimentes, aber nicht in seiner fürstlich-aristokratischen Ausprägung. Seine Gnädigen Herren waren die mit Hilfe der Zünfte gewählten Räte, er betrachtete sich als Mitglied einer eidgenössischen Republik. Er war somit eidgenössisch gesinnt, freilich mit einem gewissen Vorbehalt, da seine Stadt das Unglück erlebt hatte, dass ihr die katholischen Orte 1586 den Bundesbrief von 1515 mit abgeschnittenen Siegeln zurückgeschickt hatten, sie also nur noch von den reformierten Orten als Bündnispartner anerkannt wurde.

Hofer betrachtete es als eine seiner Aufgaben, diesen Bruch mit den katholischen Ständen zu heilen. Es gelang ihm nicht ganz, aber als 1777 die Eidgenossen einen neuen Bündnisvertrag mit Louis XVI. schlossen, war seine Republik bei der feierlichen Unterzeichnung in Solothurn dabei. Der zugewandte Ort Mülhausen, ein eigentlicher Stadtstaat mit ein paar Dörfern, und als Exklave im der französischen Krone unterworfenen Elsass gelegen, durfte sich mit gutem Grund als eidgenössisch betrachten.

Ab 1785 tauchen in der Chronik von Hofer zunehmende wirtschaftliche Schwierigkeiten Mülhausens mit dem (noch nicht revolutionierten) französischen Umland auf. Als dann 1789 die Revolution ausbrach, schreibt Hofer, «so litten die hiessigen Fabriquen durch dieses alles einen ungemeinen Schaden und sahen sich wegen Mangel des Vertriebes genötigt, die meisten von ihren Arbeitern abzuschaffen». Zugleich wurde Mülhausen ein Fluchtort, «insonderheit nahmen viel verfolgte Juden, die auf das erbärmlichste misshandelt und geplündert wurden, ihre Zuflucht in die Stadt». 1792 begann ein Zollkrieg gegen Mülhausen, an jeder Ausgangsstrasse errichtete Frankreich Bureaux zur Ausfuhrkontrolle ein. Die Einführung des Papiergeldes der Assignaten «machte in dem ganzen Königreich, insonderheit im Elsass als einer Gränzprovinz, vielen Verdruss und grosse Verwirrung in Handel und Wandel». 1794 kontingentierte Frankreich den ganzen Warenverkehr nach Mülhausen. Ohne Pässe durften die Mülhauser nicht mehr nach Basel reisen. Dazu kam ein Kornmangel, Getreidelieferungen aus Schwaben blieben aus. 1796 begannen revolutionäre Umtriebe in den untertänigen Dörfern, «da wie bekant die Vereinigung unserer kleinen Republic mit der Grossen allezeit eine politische Absicht ausmachte».

Dies war das eigentliche Problem. Der Einheitsstaat Frankreich wollte und konnte keine eidgenössische Enklave mehr dulden. Also musste man ihr, der Baumwolltuch- und Stoffdruckerstadt, den ökonomischen Lebensnerv abschneiden. Ohne Arbeit, ohne Ausfuhr, ohne Einfuhr konnte Mülhausen nicht eidgenössisch bleiben. Am 4. Januar 1798 beschlossen die Räte den Beitritt zur Französischen Republik, gut zwei Wochen später dankte auch in Basel das Ratsherrenregiment ab, am 15. März 1798 schloss sich Mülhausen Frankreich an. Am Ende der Chronik Hofers wird vermerkt, dass man in Paris der Meinung sei, «wir werden die Sperr in die Länge nicht aushalten». Er hatte sich nicht getäuscht – und wie würde die heutige Schweiz in einer solchen Lage reagieren?

Lesenswert:
Josua Hofer,
Mülhauser Geschichten vom Jahr 1741 bis 1797,
in: Le vieux Mulhouse, Band III,
1899.

12. Ein gewisser Herr Schweppe

Die Wende vom 18. ins 19. Jahrhundert: zuerst die Französische Revolution, dann die süddeutschen Jakobiner, der Feldzug Napoleons in Italien, die Helvetische Staatsumwälzung, die napoleonischen Kriege gegen Österreich und England – diese Jahre sind politisch und militärisch so heftig bewegt, dass man gelegentlich den Blick für das Geschick der normalen Leute vergisst. Darum soll hier von Johann Jacob Schweppe aus Witzenhausen in Hessen die Rede sein, der 1740 zur Welt kam und 1821 starb.

Seine Eltern wollten ihn, weil er zum Landwirt körperlich zu schwach war, zuerst zum Kesselflicker ausbilden lassen. Sein Lehrmeister schickte den 12jährigen Knaben zu den Eltern zurück, mit der Bemerkung, er sei für dieses Handwerk viel zu begabt, sie sollten ihn bei einem Silberschmied in die Lehre geben. Aber auch der Silberschmied schickte ihn zurück, mit der Bemerkung, er gehöre besser zu einem Juwelier.

1765 finden wir Schweppe in Genf, dem besten Platz für Uhren und Bijouterie. 1768 ist er dort nachgewiesen als habitant, also als Niedergelassener. 1777 wird er Partner in einer Bijouteriefirma Dunant und Schweppe, die so erfolgreich agiert, dass er 1786 mit einem eigenen Vermögen selbständig wird. Mit seiner Frau Eleonore hat er nicht weniger als neun Kinder, die aber alle bei der Geburt oder im Kindesalter – bis auf die 1777 geborene Tochter Nicolarde, genannt Colette – sterben.

Die letzten Jahre des 18. Jahrhunderts waren auch eine

Erfinderzeit. Schweppe liest die Experimente nach, die Joseph Priestley in England vollzieht, er stürzt sich auf die chemischen Schriften von Lavoisier. Die Feinmechanik ist jetzt so weit entwickelt, dass man – wenn man die Talente eines Kesselflickers mit der Präzision eines Juweliers vereinigt! – leistungsfähige Pumpen bauen kann. Mit solchen lassen sich Gase in Flüssigkeiten pressen. Schweppe beginnt künstliche Mineralwasser herzustellen, die er zuerst über Genfer Ärzte gratis an die Patienten verteilt. Seine Pumpen verschaffen den behandelten Wassern einen höheren Kohlsäureanteil als in der Natur.

Die Tüftelei wird zur Leidenschaft, die Lust am Experiment zur industriellen Professionalität, medizinische Zielsetzungen treffen sich mit modischen Überlegungen. Wir finden die Unterschrift von Johann Jacob Schweppe am 12. Juni 1790 unter einem Vertrag mit zwei Partnern, Nicolas Paul, einem erfindungsreichen Mechaniker, und Henri Albert Gosse, einem von Rousseau beeinflussten Pharmazeuten. Der Beitrag von Schweppe zur Gesellschaft besteht in der Einbringung einer Maschinenkonfiguration, genannt das Genfer System oder Geneva apparatus, dank dem Wasser mit Kohlensäure angereichert werden kann.

Am 4. September 1790 veröffentlichte das Journal de Genève einen prospectus der Firma Schweppe, Paul und Gosse «pour la composition des Eaux minérales artificielles». Ein englischer Arzt in Genf, William Belcombe, interessierte sich für die neue Gesellschaft und schlug ihr, da er auf der Abreise zurück nach England war, eine Niederlassung in London vor. Im Auftrag der Gesellschaft reiste Johann Jacob Schweppe Anfang 1792 nach England. Belcombe war behilflich, ein Fabrikationslokal zu finden, die Mineralwasserherstellung begann, der Erfolg war minim, aber die tüchtige Tochter Colette liess sich nicht entmutigen.

Unterdessen geriet Genf in revolutionäre Unruhen, die benachbarten französischen Nationalgarden unterstützten die politisch benachteiligten Schichten bei den Revolutionsversuchen. Paul und Gosse wollten Schweppe zurückrufen, aber dieser dachte nicht daran, das Londoner Unternehmen wieder aufzugeben. Im Februar 1793 begann der Krieg zwischen Frankreich und England, Schweppe unternahm sofort alle notwendigen Schritte bei der englischen Regierung, um nicht als unerwünschter Ausländer weggeschickt zu werden. 1794 konnte er die Geschäftsverbindung mit seinen Genfer Partnern auflösen. Kommerziell waren die ersten Jahre mühsam, 1798 jedoch wies die Firma, in der Colette Schweppe eifrig mitwirkte, einen Gewinn von 1200 Pfund aus, damals eine stattliche Summe. Mit der Besetzung der Schweiz durch französische Truppen und der Annexion Genfs durch Frankreich fielen die letzten Bindungen der englischen Unternehmung an Genf dahin. Johann Jacob Schweppe aus Witzenhausen im Tal der Werra trat drei Viertel seiner Unternehmung an neue Geschäftspartner ab, und Ende 1799 verkaufte er seine letzten Anteile. Ob er es selber war, der seinem Schweppes Tonic die berühmte ovale Flaschenform gegeben hat, ist bis heute ungeklärt.

Lesenswert:
Douglas A. Simmons,
Schweppes, The First 200 Years,
1983.

13. Ein Tagebuch über neun Jahre

1789 brach in Frankreich die Revolution aus. Anfang 1798, am 21. Januar, dankten in Basel die alten Räte ab und übergaben die Regierungsgeschäfte einer neu gewählten National-Versammlung. Französische Truppen rückten über die Waadt und den Jura in die Schweiz ein.

Zwischen diesen beiden Daten liegen neun sorgenvolle und aufgeregte Jahre. Sie wurden als schicksalshaft empfunden, die Welt geriet aus den Fugen. 1792 erklärte Frankreich mit Zustimmung des noch nicht enthaupteten Königs Louis XVI. dem Deutschen Kaiser den Krieg, das benachbarte Süddeutschland wurde wiederholt zum Feld militärischer Operationen. Mit der Revolution hatte Basel einen Grossteil seiner Einnahmen aus dem Elsass verloren, Zinsen und Zehnten wurden nicht mehr bezahlt. Kein Wunder, dass Basel, fast ein Aussenposten der Eidgenossenschaft, auf das Revolutionsgeschehen anders reagierte als Zürich, Luzern oder Bern. Dort las man zwar auch in den Gazetten die schlimmen Nachrichten über die Jakobiner, begegnete zahlreichen aristokratischen Flüchtlingen aus Frankreich, bangte um das Schicksal von Familienangehörigen in auswärtigen Diensten, aber die Wirtschaft und die Staatskassen spürten noch wenig von den Folgen der Revolution, nur die Pensionen blieben aus.

Im noch verhältnismässig neuen Wildtschen Haus am Petersplatz residierte einer der reichsten Basler Bürger, Daniel Burckhardt-Wildt (1752–1819), der die einzige Tochter des Jeremias Wildt, Margaretha, geheiratet hatte. Er sass an einem «Tag-Buch der Merckwürdigsten Vorfällen, welche sich seit dem Jahr 1789 in diesen für unsere Stadt Basel unvergesslichen Zeiten zugetragen haben».

Auffallend: Peter Ochs begann in seiner Geschichte der Stadt und Landschaft Basel das Kapitel über die Revolution mit einer Schilderung des harten Winters 1788/9. Daniel Burckhardt-Wildt trug als erstes Ereignis vom 10. Juli 1789 den «Wetterstrahl» ein, der den Dachstuhl des Vorratshauses der Johanniter in Flammen setzte. Ochs schloss das Kapitel und sein ganzes Buch mit der Ankündigung, dass sich nun Basels Geschichte in diejenige der Eidgenossenschaft auflöse; Burckhardt-Wildt notierte: «Den 26. April (1798) wurden die Franzosen in unserer Stadt einquartirt und nun unsere Freiheit gänzlich gemordet.» Das sind zwei deutlich divergierende Einschätzungen des Geschehens; pikant dabei ist, dass Margaretha Wildt zuerst mit Ochs verlobt gewesen war, bevor sie Daniel Burckhardt heiratete.

Welches Bild bekommt der Leser von Basel in diesen neun Schicksalsjahren? Es ist das Bild einer mehrfach gestressten Stadt. Die ständigen militärischen Bewegungen im Elsass und in Süddeutschland verunsichern die Leute, es herrschen Verzagtheit und Angst. Die Festung Hüningen wirkt immer bedrohlicher, kaiserliche Truppen marschieren von Rheinfelden nach Pruntrut. Dazu treffen widersprechende Gerüchte und Nachrichten aus Frankreich ein. Die Schweizergarde wird massakriert, Louis XVI. und später Marie Antoinette werden guillotiniert, die terreur der Jakobiner fordert ihre Opfer. 1795 wird der Basler Frieden geschlossen, die Stadt wimmelt von Diplomaten. Am 24. November 1797 kommt General Bonaparte vorbei, wird mit militärischen Ehren empfangen. In Basel leiden die Leute

49

auch wirtschaftlich, die Teuerung steigt, der Rat muss das Kornhaus öffnen. Nach genauen Kopfzahlen notiert Burckhardt-Wildt den Zuzug eidgenössischer Truppen und den protokollarischen Empfang der sogenannten Repräsentanten, das heisst der von der Tagsatzung delegierten Amtspersonen, die dem Rat politisch beistehen sollen. Die Grenzen nach Frankreich und in die Markgrafschaft scheinen offen, laufend tauchen französische Kundschafter oder kaiserliche Offiziere auf. Eine Neutralitätsverletzung bei Kleinhüningen wird zum diplomatischen Zwischenfall. Die Stadt kommt nicht zur Ruhe.

Gibt sich da nur ein besorgter Bürger nach bestem Willen über den Gang der Ereignisse Rechenschaft? Eine ganz andere Seite im Wesen des Daniel Burckhardt-Wildt kommt in diesem Tagebuch überhaupt nicht zum Vorschein. Er war nämlich auch ein genialer Kunstsammler und -kenner. Während er die Stadt als aufgeregten Ameisenhaufen beschrieb, war er daneben mit dem Ankauf, dem Verkauf und der Vermittlung von Kunstwerken tätig, die die französischen Emigranten als vermarktungsfähige Vermögensteile nach Basel schleppten. Viele Bilder, die heute in der Öffentlichen Kunstsammlung hängen, gingen vor 200 Jahren durch die äusserst diskreten Hände des Daniel Burckhardt-Wildt, die besten behielt er für sich.

Lesenswert, falls einmal publiziert:
Daniel Burckhardt-Wildt,
Tagebuch, Privatbesitz.

14. Kunstaufkäufer

Der Ausdruck «Emigrant» kommt uns wie ein Unwort des 20. Jahrhunderts vor, geboren aus dem Verfolgungswahn des Dritten Reiches und der roten Diktaturen. Aber es datiert von früher. Die grosse Welle der émigrants und émigrés fand nach dem Ausbruch der Französischen Revolution statt. Goethe übersetzte das Wort noch durch «Ausgewanderte». Seine Novelle «Unterhaltungen deutscher Ausgewanderten» ist mit 1794–1795 datiert. Es ist die Zeit, da – um mit Goethe zu sprechen – edle Familien ihre Besitzungen links vom Rhein verlassen mussten. Denn sie verloren ihre feudalen Rechtstitel und Besitztümer, ihre Landgüter, Gerichtshoheiten und Schlösser, sie wurden Emigranten.

Wer seine Heimat aus politischen Gründen von einem Tag auf den andern verlassen muss, sucht verzweifelt nach Vermögenswerten, die sich mitnehmen lassen. In einer Zeit, da das Geld noch seinen eigenen Wert repräsentierte, also aus Münzen bestand, waren das in erster Linie goldene Louisdors und silberne Taler. Und wenn zuwenig Bargeld greifbar war? Dann waren es Kunstwerke, Bilder, Statuen, Objekte wie Uhren oder kostbare Bücher. Man nahm sie mit, um sie, war einmal die Grenze von Frankreich überschritten, gegen Geld eintauschen zu können.

Zu den gern übersehenen Aspekten der Revolutionsgeschichte gehört der Kunsthandel in Basel nach 1789. Nicht nur aus dem Elsass, sondern aus ganz Frankreich kamen Kunstwerke und Objekte zum Verkauf in die Stadt. Basel war ein bevorzugter Ort: eine eidgenössische und somit neutrale

Stadt, eine seit der Renaissance in Kunst und Antiquitäten erfahrende Bürgerschaft, die wichtigste schweizerische Handelsstadt mit internationalen Verbindungen, funktionierenden Postdiensten und Bankiers.

Der künstlerisch bestorientierte und zugleich kenntnisreichste Basler jener Zeit war Daniel Burckhardt-Wildt (1752–1819), Gatte der als beste Partie geltenden Tochter Margaretha des Seidenbandherren Jeremias Wildt, des Erbauers des Wildt'schen Hauses am Petersplatz. Sein Namensvetter 100 Jahre später, Daniel Burckhardt-Werthemann, sagte von ihm: «Er lebte nur noch der einen Aufgabe, seine elegante Wohnung mit Kunstgegenständen jeglicher Art auszufüllen.» (Es ist derselbe Daniel Burckhardt-Wildt, der über die Ereignisse zwischen 1789 und 1798 ein kaum mehr bekanntes Tagebuch führte.) Zu diesem Zweck war er Stammgast bei Ganten, heute würde man lieber von Auktionen sprechen. Wieder Burckhardt-Werthemann: «Die goldene Zeit der ergiebigen und weithin berühmten Basler Ganten begann doch erst in den Tagen der französischen Revolution.»

Es war für den Kunsthandel eine bewegte Zeit. Nicht nur brachten französische Emigranten und deutsche Ausgewanderte vom linken Rheinufer massenhaft Kunstwerke auf Auktionen; zugleich fand im Kunstgeschmack ein Wechsel vom späten Barock oder Rokoko zum Klassizismus statt, wurden Formen und Ausdrucksweisen radikal vereinfacht. Romantische Vorlieben für altdeutsche Themen und Malweisen hatten sich noch nicht durchgesetzt, entsprechende Bilder hatten kaum mehr Konjunktur. Zu den riesigen Verdiensten des Daniel Burckhardt-Wildt gehört es, dass er Kenner genug war, um bei der Verauktionierung der als unterdurchschnittlich und teilweise obszön bezeichneten Kunstgegenstände aus dem Markgräflerhof 1808 die acht Tafeln des Konrad Witz zu erwerben, der damals als Maler noch unbekannt war. Das Stück kostete 17 Baselpfund. Für ein Album mit bloss eingeklebten Pergamenthandschriften aus französischen Klosterbeständen zahlte Burckhardt-Wildt dagegen 444 Livres tournois!

Burckhardt-Wildt war nicht der einzige. Der Landschaftsmaler Peter Birmann (1758–1844) reiste nach dem Basler Frieden von 1795 nach Paris, um Kunstwerke einzukaufen. Marquard Wocher (1760–1830), der 1798 zügig die Drucksachen für die Helvetische Republik entwarf, nahm selber Werke in Kommission. Der international erfolgreichste unter allen war Christian von Mechel (1737–1817), dessen Neffe Wilhelm Haas als Drucker revolutionärer Schriften mit Wocher vertraut war. Der Schwager des Peter Ochs, Peter Vischer (1751–1823), glänzte durch sein grosses und tadellos geführtes Bilderlager, dessen Bestände dauernd wechselten.

Mit andern Worten: Die Bedrängnis adliger Familien durch das Revolutionsgeschehen führte in Basel zu einem Kunsthandels-Boom. Zu vermuten ist, dass der helvetische Minister Philipp Albert Stapfer dadurch 1799 «zum sublimen Gedanken der Gründung eines schweizerischen Landesmuseums» angeregt wurde.

Lesenswert:
Daniel Burckhardt-Werthemann,
Die baslerischen Kunstsammler des 18. Jahrhunderts,
1907.

15. Feurige Menschen

Lebensgeschichten betrachten wir immer entlang dem Gang der Jahre: Geburt, Jugend, erwachsenes Alter, Rückzug und Tod. Für einmal wird hier der umgekehrte Weg vorgeschlagen. Weniger aus Laune, als weil im Licht der späteren Jahre die früheren eine andere Bedeutung gewinnen.

Der Held ist ein Basler, der am 10. September 1802 im Alter von 60 Jahren starb. Formell existierte die Helvetische Republik noch, aber sie war in völliger Auflösung begriffen. Sollte ihn das, da er ein reicher und von den politischen Zeitläuften leidlich unabhängiger Mann war, bekümmern? Nun, gute vier Jahre zuvor, im Januar 1798, hatte er sich anstelle von Mattis Mieg in die provisorische Nationalversammlung von Basel wählen lassen, wo er in der ersten Sitzung vom 10. Februar 1798 gegen eine übereilte Zuteilung der Geschäfte an Kommissionen sprach, am 14. Februar darauf drang, dass man die Rechnung der alten abgedankten Regierung möglichst exakt nachführe und kontrolliere. So sprach der Kaufmann in ihm. Aber nicht nur der Kaufmann, sondern auch der Politiker, der schon seit 1784 Mitglied des Grossen Rates gewesen war.

Es handelt sich um Jakob Sarasin, den jüngeren Bruder von Lukas Sarasin, den ersten Bewohner und Besitzer des Weissen Hauses am Basler Rheinsprung. Er ist einer der vielen Basler, die den Schritt vom alten Regiment in die neue Staatsform freiwillig taten, die die Gleichberechtigung der Bewohner der Landschaft akzeptierten und zur Einsicht kamen, dass das vorrevolutionäre politische Basel keine Exi-

Jakob Sarasin-Battier 1742 – 1802
Bildersammlung Universitätsbibliothek Basel

stenzberechtigung mehr hatte. Auf ihn trifft der Satz des Peter Ochs zu: «Wenn wichtige Veränderungen einem Staat bevorstehen, so wäre es Unsinn, die Leitung davon Taglöhnern, Fischweibern, Trödlern zu überlassen.» Sarasin übernahm das Erziehungscomité, weil ihn, eng befreundet mit Pestalozzi, Erziehungsfragen bewegten.

Dass er in einem neuen Sinn patriotisch dachte, erkennt man daran, dass er seit 1774 Mitglied der Helvetischen Gesellschaft war, und dass er im Rahmen dieser Vereinigung 1786 eine umfangreiche Arbeit «Ueber das Erziehungswesen in den schweiz. Kantonen» abgeliefert hatte, zu der ihn Karl Viktor von Bonstetten ermuntert hatte. 1794 wurde Sarasin ihr Präsident, das Thema seiner Präsidialansprache lautete: «Wir müssen Schweizer seyn und nichts als Schweizer seyn, wenn wir glücklich seyn wollen.»

Er war damals kein unbelasteter Mann mehr, sondern trug immer noch schwer am 1791 erfolgten Tod seiner zehn Jahre jüngeren Gattin Gertrud, der Tochter des Ratsherrn Felix Battier, dessen Handelshaus uns dadurch bekannt ist, dass süddeutsche Revolutionäre als Angestellte darin tätig waren. Sarasin hing mit seltener Liebe an ihr. Der falsche Graf und Wundertäter Cagliostro hatte sie einst geheilt; Sarasin wusste ihm, solange der von Schiller und Goethe mit Misstrauen beobachtete Cagliostro noch lebte, Dank dafür und half selber bei der Herstellung von Tinkturen.

Weiter zurück, in den 80er und 70er Jahren, also noch zu Lebzeiten seiner Frau, sehen wir Sarasin in einem gesellschaftlichen Leben von höchster Beschwingtheit. Er hatte die Bekanntschaft von Christof Kaufmann gemacht, dem «Kraftapostel der Geniezeit», dem ersten Vertreter des literarischen Sturm und Drang. Seiner Frau schrieb er von der Frankfurter Messe, er hätte gemeinsam mit Kaufmann Gott gedankt, «dass wir feurige Menschen sind».

Feurige Menschen, das waren für Sarasin geistig bewegte, literarisch interessierte, gesellschaftlich vorurteilsfreie und auf jeden Fall amüsierte Menschen. Die Basler Geschichtsschreibung sieht das 18. Jahrhundert meistens als eine stagnierende und verknöcherte Epoche. Blickt man in die Korrespondenz von Sarasin, entdeckt man eine Zeit überquellenden Lebens. Neben dem österreichischen Kaiser und dem Prinzen Heinrich von Preussen schwirren die Geister der deutschen Geniezeit durch das Weisse Haus: Lenz, Schlosser (Schwager Goethes), Lavater, der von Goethe gerühmte Heinrich Merck, die erfolgreiche Schriftstellerin Sophie La Roche, der nicht weniger berühmte Jung-Stilling. Sarasin trifft sich mit Oberlin, dem erblindeten Colmarer Dichter Pfeffel, besucht in Frankfurt Frau Rath Goethe. Gedichtet wird im Team. So schreiben Lavater, Klinger und Sarasin gemeinsam den satirischen Roman «Plimplamplasko». Er erschien 1780 sogar im Druck, ein Produkt des Übermutes, das aber schon bald zur Fratze wurde, wie Klinger selber sagte.

Die «feurigen Menschen» von 1780 waren, ohne es zu wissen, zu Wegbereitern eines ganz Europa verwandelnden Umbruchs geworden.

Lesenswert:
August Langmesser,
Jakob Sarasin, Ein Beitrag zur Geschichte der
Genieperiode, in: Abhandlungen der Gesellschaft
für deutsche Sprache in Zürich,
1899.

16. Ach, diese jungen Leute!

Weil unser politisches System mit seinen Mechanismen alt ist, im Vergleich zu unseren europäischen Nachbarn sogar uralt, ist es nicht verwunderlich, dass die Leute, die heute an den politischen Hebeln sitzen, in der Regel im besseren Alter, manchmal selbst im fortgeschrittenen Alter stehen. Ein 20jähriger Grossrat ist die Ausnahme, eine Regierungsrätin in den Dreissig und ein Bundesrat in den Vierzig sind selten. In ruhigen Verhältnissen, wie wir sie seit bald 150 Jahren und besonders nach dem Zweiten Weltkrieg hatten, brauchen politische Karrieren ihre Zeit.

In revolutionären Verhältnissen ist das anders. Peter Ochs war 1798 mit seinen 46 Jahren schon fast ein alter Mann, desgleichen der 44jährige Laharpe. Aber, um ein paar prominente helvetische Politiker zu nennen, Minister Albrecht Rengger war 34, Minister Hans Konrad Finsler war 33, Minister Philipp Albert Stapfer war 32, der helvetische Grossrat Hans Konrad Escher war 31 und der helvetische Senator Paul Usteri war 30 Jahre alt. Vinzenz Rüttimann, der die Revolution in Luzern vorbereitet hatte und dann Regierungsstatthalter wurde, war 29 Jahre alt, und Heinrich Zschokke, ganz frisch eingebürgert, zählte erst 28 Jahre und wurde trotzdem Statthalter im Kanton Waldstätten nach dem Aufstand der Nidwaldner im Herbst 1798. Es ist nicht ganz abwegig, in der helvetischen Revolution einen Generationenschub und vielleicht sogar einen Generationenkonflikt zu sehen.

Ein Generationenkonflikt besteht nicht nur darin, dass

eine jüngere Generation gegen eine ältere aufsteht. Häufig lässt sich auch beobachten, dass in der älteren Generation immer einige Köpfe zu finden sind, die die viel jüngeren begreifen, dass also die Enkel in der Opposition gegen ihre Väter an die Grossväter appellieren können.

Die Staatsumwälzung von 1798 in der Schweiz zeigt Konstellationen dieser Art. Johann Heinrich Füssli, der Historiker und Verleger in Zürich, Karl Viktor von Bonstetten, der aufgeklärte Aristokrat aus Bern, waren beide Jahrgang 1745 und sicher keine ausgekochten Revolutionäre oder gar Jakobiner, aber wir sehen sie die Staatsumwälzung mit einem gewissen Verständnis und sogar mit Gelassenheit verfolgen. Das gilt auch für den Basler Bürgermeister Peter Burckhardt, Jahrgang 1742, oder den gleichaltrigen Jakob Sarasin, den Herrn des Weissen Hauses, der sogar Sitz und Stimme in der revolutionären Basler Nationalversammlung hatte.

Aus derselben Generation gibt es auf der extrem konservativen Seite den späteren Landammann der Schweiz von Napoleons Gnaden, Andreas Merian, Jahrgang 1742, den Intimfeind des Peter Ochs; die in jeder Beziehung entgegengesetzte Figur wäre Heinrich Pestalozzi, Jahrgang 1746, der sich geradezu jugendlich hemmungslos für die Helvetische Republik engagierte.

Warum viele führende Leute der Helvetik – und diese sassen eher auf den Ministersesseln als auf den Direktorenstühlen – so jung waren, Enkel sozusagen, hängt mit ihrer Modernität und Handlungsbereitschaft, auch mit ihrem Ehrgeiz und sicher mit den revolutionären Umständen zusammen, unter denen arrivierte Staatsdiener aus dem alten Regiment nicht mehr gefragt waren. Aber noch etwas ganz anderes spielte mit: die Jugendlichkeit der grossen internationalen Figuren. Allen voran Napoleon, zwar noch in Ägypten engagiert, aber der öffentlichen Meinung schon ein Begriff. 1798 war er noch nicht 30 Jahre alt! Seine Gegenspieler wurden Zar Alexander, Jahrgang 1777, Friedrich Wilhelm III., Jahrgang 1770, Kaiser Franz II., Jahrgang 1768. Tatsächlich lag um 1800 das Geschick Kontinentaleuropas in den Händen einer Generation von 30jährigen. Peter Ochs, der 1752 geborene Vater der Helvetik, war, als Napoleon 1803 die Mediationsverfassung verordnete, in dessen Augen vielleicht schon ein zu alter Mann, weshalb sich das Interesse des Ersten Konsuls lieber Vinzenz Rüttimann zuwendete, der wie er dem Jahrgang 1769 entstammte.

Erst als für die Schweiz die Revolution als abgeschlossen erklärt werden konnte, und als Aristokraten aus der vorrevolutionären Zeit wieder begehrt waren, griff der zukünftige Kaiser der Franzosen auf ältere Jahrgänge zurück. Der von Napoleon aus der Verbannung erlöste frühere Gesandte in der Schweiz, François de Barthélemy, Jahrgang 1747, erläuterte der Schweizer Delegation die Mediationsverfassung, und erster Landammann der Schweiz wurde auf Wunsch Napoleons der noch von Louis XVI. dekorierte Freiburger Baron Ludwig August Philipp d'Affry, Jahrgang 1743 und somit 60 Jahre alt.

Lesenswert:
Historisch-Biografisches Lexikon der Schweiz, 1921–1934.

17. Der vergessene Gründervater

Ein hochtalentierter junger Mann aus angesehener Familie – er darf sich Marquis nennen – legt schon im Alter von noch nicht 16 Jahren eine mathematische These vor und kommt, von einflussreichen Leuten gefördert, nach Paris, wo er im Alter von 21 Jahren eine Arbeit über die Integralrechnung publiziert und die Freundschaft der zum Teil beträchtlich älteren Geistesfürsten d'Alembert, Helvétius, Voltaire und Turgot gewinnt. Er wird Sekretär der Académie des Sciences, noch nicht 40jährig Mitglied der Académie Française, vor der er in seiner Antrittsrede von den Vorteilen spricht, die die Gesellschaft aus der Vereinigung der Naturwissenschaften mit den sciences morales, also den nach ethischen Gesichtspunkten ausgerichteten Geisteswissenschaften, erlangen kann. Zur Zeit des amerikanischen Unabhängigkeitskrieges wird er publizistisch tätig, fordert die Gleichstellung der Schwarzen in Amerika. Wie die Französische Revolution ausbricht, findet sie in ihm einen hochgebildeten, engagierten und publizistisch einflussreichen Parteigänger.

Sein Name lautet: Marie Jean Antoine de Condorcet, (1743–1794). 1791 wurde er in die Nationalversammlung gewählt, die ihn zu ihrem Sekretär machte; 1792 war er Mitglied der nachmaligen gesetzgebenden Versammlung und nahm Einsitz in die Kommission für Verfassungsfragen. Er galt als Girondist, also Mitglied der gemässigten republikanischen Partei, die von den jakobinisch gesinnten Montagnards, der radikalen Fraktion, verdrängt wurde. Er sprach sich zwar dafür aus, dass Louis XVI. für schuldig erklärden sollte, aber er war gegen das Todesurteil. Im Sommer 1793 wurde er von den jetzt triumphierenden Jakobinern selber angeklagt, tauchte unter und schrieb, mitten in Paris in einem Zimmer ohne Bücher versteckt, einen langen Essai über die Geschichte der Fortschritte des menschlichen Geistes. Um die Hausherrin, bei der er als zur Verhaftung ausgeschriebener Politiker Unterschlupf gefunden hatte, nicht zu gefährden, versuchte er, Paris zu verlassen, machte sich aber durch seinen luxuriösen Tascheninhalt verdächtig, wurde verhaftet und nahm sich im Arrestlokal mit Gift das Leben.

Nur: Was hat dieses Opfer der jakobinischen terreur mit der Schweiz zu tun, und wieso soll er gar als eine Art Gründervater gelten? Hier stossen wir auf die aus dem heutigen Bewusstsein vieler Leute entschwundene Abhängigkeit des schweizerischen Verfassungsdenkens in den 50 Jahren zwischen 1798 und 1848 vom französischen Verfassungsdenken der frühen 90er Jahre. Die Verfassung der Helvetischen Republik, nach dem Vorbild der französischen Direktorialverfassung von 1795, ist dafür nicht das edelste Beispiel, wichtiger sind vielmehr die kantonalen Verfassungsrevisionen nach 1830 und dann die Bundesverfassung von 1848. Sie griffen immer wieder auf die in Paris ausgeheckten Verfassungen und auf die hinter ihnen stehenden Überlegungen und Grundsätze zurück – und damit auf Condorcet. Auf einen Condorcet, der übrigens im Licht der Bundesverfassung von 1848 noch immer als Wegbereiter und Vorausdenker gelten muss. Um ein Urteil aus unserer Gegenwart zu zitieren: Condorcet trat für die progressive Einkommenssteuer ein, entwickelte die Idee von sozialen Ausgleichskassen, befürwortete die Geburtenkontrolle, bekämpfte die Sklaverei und

Jean Marie Antoine Nicolas Marquis de Condorcet
1743 – 1794
Bildersammlung Universitätsbibliothek Basel

war für das Frauenstimmrecht – so der Zürcher Verfassungsrechtler Alfred Kölz.

Für die Schweiz wegweisend wurden Condorcets Überlegungen in den Bereichen, die wir heute als die Volksrechte der direkten Demokratie begreifen, also bei der Initiative und dem Referendum. In der Verfassung des Bundesstaates von 1848 sind sie nur in einem ersten Ansatz verwirklicht, sie mussten zuerst in einzelnen Kantonsverfassungen ausgearbeitet werden. Ganz entscheidend war für Condorcet das obligatorische Verfassungsreferendum, das heisst, dass neue Verfassungsbestimmungen immer vom Volk angenommen werden sollten, wobei die Leute, die nicht abstimmten, weder als Befürworter noch Gegner gezählt werden durften. Kölz: «Die Volksinitiative kann als wichtigste und originellste Neuschöpfung Condorcets angesehen werden.»

Sehr vereinfacht gesagt: Durch Condorcet wurde die Staatslehre Rousseaus erstmals in verfassungsrechtlich abgesicherte demokratische Mechanismen übersetzt. Und so kommt es, dass die Schweiz von heute in Europa der einzige Staat ist, dessen Wurzeln nicht bloss theoretisch, sondern in geschichtlicher Kontinuität ganz praktisch auf das Verfassungsdenken der Französischen Revolution zurückgehen. Dank dem Gründervater Condorcet.

Lesenswert:
Alfred Kölz,
Neuere Schweizerische Verfassungsgeschichte,
1992.

18. Der Basler Kardinal

Im Frühsommer 1795 machte sich von Marseille ein 32jähriger Mann Richtung Schweiz durchs Rhonetal auf den Weg, ein paar Goldstücke tief im Gepäck versteckt, in der Tasche die damals fast schon wertlos gewordenen Assignaten, also das ungeliebte revolutionäre Papiergeld. Ein Zürcher in Genf beschrieb ihm den Weg nach Basel über Biel und Solothurn; der zu Fuss reisende, italienisch und französisch sprechende Fremdling war enttäuscht, dass er von Genf nach Basel keine Schneegebirge antreffen sollte. Nun lernte er auch, dass das Heilige Römische Reich erst hinter Basel begann und dass der Markgraf von Baden der politische Nachbar der Basler war.

Was suchte er in Basel, das er zum ersten Mal sah? Nun, er war Basler von seinem Vater her, einem 1711 in London geborenen Kaufmann, der schliesslich in fremde Kriegsdienste getreten war und als Offizier mit 46 Jahren dem Charme einer in den frühen Dreissigern stehenden Witwe mit dem Namen Donna Angela Maria Ramolina erlegen war. Dieser Dame zuliebe wechselte er zum katholischen Glauben, übernahm Vaterpflichten gegenüber ihrer Tochter aus erster Ehe, Letizia, und hatte mit ihr noch zwei Kinder, den 1763 geborenen Joseph und zwei Jahre später eine Tochter, Paula Brigida.

Dieser Sohn war es jetzt, der ziemlich abgerissen zum ersten Mal in seiner Vaterstadt weilte, deren Sprache ihm unbekannt war. Er hörte, dass der Bruder seines Vaters noch lebe, und zwar als Pastetenbäcker in der Streitgasse, der würde ihm helfen können. Aber Onkel Werner wollte von ihm nichts wissen, als er vernahm, dass sein Neffe katholisch und gar geweihter Priester sei. Schlimmer noch: auch ein Jakobiner sei er, habe den revolutionären Priestereid abgelegt. So musste Joseph froh sein, gelegentlich bei andern Zweigen der Familie an den Tisch geladen zu werden, dafür freundete er sich mit dem Buchhändler Samuel Flick an.

Ein Jahr später, nämlich 1796, war Joseph plötzlich hoch angesehen und sogar kreditwürdig. Schuld daran war sein Neffe. Denn die Stieftochter Letizia des in London geborenen Franz Faesch heiratete später Carlo Bonaparte, wurde also die Mutter Napoleons; der Sohn Joseph Faesch, der in seiner Vaterstadt so schlechte Aufnahme gefunden hatte, war somit der Onkel oder besser Stiefonkel des 1796 in Italien ruhmreichen Generals Bonaparte, des späteren Kaisers Napoleon. Kaum hatte sich das in Basel herumgesprochen, berief Bonaparte den Onkel-Abbé zu seinem Kriegskommissär nach Paris, Pastetenbäcker Werner Faesch stiftete sogar drei Louisdor an die Reisekosten. Der nur geringe Altersunterschied von sechs Jahren machte aus Faesch und Bonaparte weniger ein Verhältnis von Onkel und Neffe als ein Freundschaftspaar. (Und damit wird auch begreiflich, warum Bonaparte in Basel am 24. November 1797 zuerst nach dem Pastetenbäcker Faesch verlangt hatte.)

Joseph Faesch (1763–1839), dessen Name Fesch geschrieben wird, wurde für Napoleon zu einer Schlüsselfigur in der unvermeidlichen Auseinandersetzung mit Papst Pius VII., einer Art von modernem Investiturstreit. 1801 kam zwischen dem Ersten Konsul und dem Papst ein Konkordat zustande. Die revolutionäre Kirchenkonstitution von 1790, der Abbé Faesch in Korsika lebhaft zugestimmt hatte, wurde aufgeho-

Kardinal Joseph Faesch 1763 – 1839
Bildersammlung Universitätsbibliothek Basel

ben; der Papst war wieder als Haupt der katholischen Kirche anerkannt. Die Vorstellung aber, dass Neffe und Onkel fröhlich Hand in Hand für den Ruhm des napoleonischen Hauses gesorgt hätten, wäre falsch. Schon in Basel begann Faesch seine Rolle als revolutionsfreudiger Priester nicht gerade zu bereuen, aber anders zu verstehen. Er hätte einst ein Ideal besessen, es aber durch Kleinmut verloren, mit Hilfe des Allmächtigen würde er es wieder erhalten können. Er nahm erneut seine theologischen Studien auf, verlegte sich zugleich auf das Sammeln von Kunst. Nach Abschluss des Konkordates wurde er Erzbischof von Lyon, nicht ohne Gewissensbisse, da er die Konfliktsituation zwischen dem Papst und Napoleon voraussah. Die ihm vom Konsul und dann vom Kaiser der Franzosen bald zugeschobenen, bald befohlenen Ämter – französischer Botschafter beim Papst, Senator, Koadjutor des Kurerzkanzlers Dalberg in Deutschland – sahen ihn mehr und mehr auf der Seite der römischen Kirche, so dass ihm der imperiale Neffe 1808 die Kappe wusch: «Wenn Sie mir schreiben, so bitte ich Sie, darauf zu achten, was Sie mir sagen ... und im übrigen empfehle ich Ihnen, kalte Bäder zu nehmen.» Der einzige Basler Bürger im Kardinalsrang war eben doch nicht der leibliche, sondern nur der Stiefonkel Napoleons.

Lesenswert:
Jakob Schneider,
Kardinal Joseph Faesch,
in: Basler Biographien, dritter Band,
1905.

19. Die Faszination der Niederlage

Die Niederlage zeichnete sich schon am 1. März 1798 ab, am 5. war sie vollständig. Die Stadt, die auf jeden Fall und mit allen Mitteln hätte verteidigt werden sollen, fiel, öffnete die Tore, der Feind zog ein und machte sich im Rathaus breit. Damit war das Land, zu dem die bislang noch nie eroberte Stadt gehörte, am Ende, und mit ihm das Bündnissystem, dessen Herz und Seele sie gewesen war.

Bern kapitulierte am 5. März 1798 um die Mittagszeit. Oberkriegskommissär Gottlieb Abraham Jenner traf auf der Brücke beim Unteren Tor den einziehenden General Schauenburg, der ihn grob anfuhr und fragte: Wo werden Sie mich einquartieren? Im Falken, sagte Jenner. Also gut, kommen Sie mit. Jenner begleitete Schauenburg durch die ganze Stadt hinauf, an deren Häuser die weissen Tücher zum Zeichen der Kapitulation hingen. Im Falken herrschte der Franzose den Berner an: Ein Nachtessen mit 60 Gedecken und 50 Pfund frischem Hecht – oder ich werfe Sie aus dem Fenster! Jenner, von der Statur ein kräftiger Mann, gab zur Antwort: Ich handle nicht mit Hechten, Sie werden zu essen bekommen. Wer mich aber zum Fenster hinauswerfen will, muss wissen, dass er mit mir hinausfliegt. Jenners Bericht: «Diese Antwort erwarb mir Achtung, und von nun an war mit Schauenburg auszukommen.»

Aber es geht hier nicht um Anekdoten, sondern um die schon damals unerhörte Demütigung, die der Fall von Bern für die Menschen bedeutete. Ein ganzes System, das wie für die Ewigkeit eingerichtet schien, stürzte zusammen. Warum? – diese Frage blieb über Jahre und Jahrzehnte im Raum stehen. Anno 1898, also 100 Jahre später, erschien in Bern ein über 130 Seiten dickes, grossformatiges und reich illustriertes Heft, das der kriegsgeschichtlichen Darstellung der Ereignisse dienen wollte. Im Tonfall, in der Feindseligkeit dem französischen Angreifer gegenüber, in der Verachtung für die revolutionären Parteigänger im eigenen Lager ist es eine sogenannt berntreue, der alten Herrlichkeit verpflichtete Publikation. Umso deprimierender waren die Konklusionen, die die Autoren zwar so nicht schrieben, aber zwischen den Zeilen erkennen liessen:

Die einmarschierenden französischen Truppen von General Brune und General Schauenburg waren mit 41 000 Mann den durch Eidgenossen verstärkten Bernern mit rund 26 000 Mann überlegen, aber eigentlich in der schlechteren Position, da sie aus den getrennten Räumen Biel-Bözingen und Payerne-Avenches Richtung Freiburg-Bern vorrücken sollten. Die Berner Truppen, aufgeteilt in vier Divisionen, wollten von Wangen über Bätterkinden, Büren, Nidau, Aarberg, Murten bis nach Freiburg in einem Viertelkreis Bern decken, waren von daher an jedem Punkt, weil sie sich nur defensiv verhielten, zu schwach. Offensiv hätten sie Chancen gehabt, aber nun stimmte es schon auf der Kommandoebene nicht. Brune und Schauenburg hatten eindeutige Aufträge; der Oberkommandierende der Berner, Karl Ludwig von Erlach, bekam von den verschiedenen Räten, die in eine Kriegs- und eine Friedenspartei gespalten waren, immer wieder sich widersprechende Befehle. Ein weiterer Unterschied lag auf der Ebene der politischen Führung, indem verbündete Truppen ihre eigenen Kommandos hatten, so dass von Erlach kein einheitliches Oberkommando ausüben konnte.

Dann war die Militärtechnik kaum vergleichbar. Die Franzosen hatten eine überlegene Aufklärung samt Kurier- und Nachrichtendienst, die bernische Kavallerie war mit ihren schweren Bauernpferden kaum brauchbar, die französische Artillerie konnte sogar Leuchtkugeln einsetzen. Berns Armee war noch ständisch organisiert, ein aristokratischer Kriegsrat gab ordres an adlige Offiziere, die Untertanen zu befehligen hatten – nichts dergleichen in der französischen Armee, deren Kommandanten zum Teil von der Mannschaft gewählt worden waren. Für die Truppe undurchschaubar waren die Vorgänge in Bern selber, wo die Friedenspartei auf die Ultimaten Brunes einzugehen bereit war. Die Soldaten fühlten sich verraten; Truppenoffiziere, und unter ihnen General von Erlach, wurden umgebracht. Am 2. März fielen Solothurn und Freiburg, am 5. siegten die Berner zwar bei Neuenegg, wurden aber im Grauholz geschlagen.

Zwei verschiedene Armeen, zwei unterschiedliche Gesellschaften, zwei entgegengesetzte Staatssysteme, aber vor allem zwei verschiedene Zeiten waren aufeinandergetroffen. Das machte damals und 100 Jahre später – und macht vielleicht noch heute – die Faszination dieser Niederlage aus.

Lesenswert:
Major Badertscher,
Herausgegeben von Hans Balmer,
Die Märztage des Jahres 1798,
1898.

20. Revolution auch im Toggenburg

Das Toggenburg gehörte seit 1468 dem Fürstabt von St. Gallen. Es war kein bequemes Untertanenland. Huldrych Zwingli stammte aus Wildhaus, die Reformation fasste Fuss, hatte vor allem im oberen Toggenburg auch politische Ziele. Der Fürstabt war nur zugewandter Ort der Eidgenossenschaft, daneben ein Reichsfürst. Durch das ganze 17. Jahrhundert und noch bis 1718 machten sich Unabhängigkeitsbewegungen bemerkbar. Dann wurde in Baden, am Ort der Tagsatzung, ein Vergleich geschlossen, nach dem das Toggenburg «mit Verstand regiert» werden sollte – Toggius ratione ducitur. Das hiess, dass unter der fürstäbtlichen Oberherrschaft beide Konfessionen gleichberechtigt sein und friedlich zusammenleben sollten.

Dass die Staatsumwälzung von 1798 in der Schweiz nicht nur ein französisches Importgut war, zeigten die Unruhen von 1794 und 1795 im an das Toggenburg angrenzenden Fürstenland. Der aufgeklärte Fürstabt Johann Konrad von Anghern, genannt Beda (1725–1796), räumte zum Entsetzen seiner Mönche einer Landsgemeinde von Gossau weitgehende Selbstverwaltungsrechte ein. Das war ein Signal, das auch ins Toggenburg hineinwirken musste. Dann kam der Januar 1798, in Basel demissionierten die alten Räte, Freiheitsbäume wurden aufgerichtet, die Geschäfte gingen an eine Nationalversammlung über.

Am Dienstag, dem 30. Januar 1798, also mitten in der Woche, trat auch eine Gemeindeversammlung in Wattwil zusammen. Ein einsamer Tagebuchschreiber verfolgte dieses Geschehen aus nächster Nähe und schrieb auf, was ihn bewegte: «Es wurden Beispiele erzählt, wie überall Freyheit und Gleichheit eingeführt werde, auch in unserem Schweizerland. Wie der Kanton Basel den Anfang gemacht und seinen Landleuten Freyheit und Gleichheit zugestanden und verschrieben habe. Wie sich das ganze welsch Berngebiet unabhängig gemacht und unter den Schutz der Franzosen begeben, überall in allen Kantonen starke Bewegungen vorgehen und alles von Freyheitssinn beseelt sei, warum wir dann allein zurück bleiben wollen?»

Der da Tagebuch schrieb, übrigens sein letztes, war schon eine kleine Berühmtheit als «Der arme Mann aus dem Toggenburg» geworden, ein Kleinbauer und Baumwolle-Heimarbeiter, der als lese- und schreibkundiger Landmann in Zürich als Schriftsteller galt: Ulrich Bräker (1735-1798). Er ist dank seiner schriftstellerischen Begabung, seiner bildungshungrigen und intelligenten Redlichkeit ein erstrangiger Zeuge für die mentalitätsgeschichtlichen Wandlungen der Französischen Revolution im schweizerischen Bewusstsein.

Im Tagebuch vom November 1789: «Frankreich wehrt sich um seine Freyheit – aber die hohen Priester und Pharisären werden alle Macht der Hölle aufbieten – keine Einigkeit aufkeimen lassen.» Nach der Hinrichtung von Louis XVI. am 21. Januar 1793: «Will gern sehen, was die Folgen von diesem schaudervollen Königsende sein werden.» Wie das republikanische Frankreich einer Koalition deutscher Fürsten gegenübersteht: «O ihr oberen Mächte, steht doch der gerechten Sache bey und verhütet, dass nicht die Tyrannen den ganzen Erdboden unterjochen.»

Bräker sympathisiert mit der Revolution als der politischen Konsequenz der Aufklärung, aber schreckt vor der jakobinischen terreur zurück. Jetzt rückt die revolutionäre Bewegung der Schweiz näher. Dezember 1797: «Mein Vaterland Toggenburg wird sich doch noch bey erster Gelegenheit selbst frey machen – Lange genug hat es um mehrere Freyheit gebettelt ...» Im Tagebuch von 1798 – Bräker sollte das Ende des Jahres nicht mehr erleben – findet sich dann die ausführliche Schilderung der Volksversammlung vom 30. Januar mit einer Szene, die schweizerischer nicht sein könnte: Die Landsgemeinde in Wattwil, eine spontane Versammlung, der die Altgesinnten fernblieben, stimmte zuerst ohne Gegenmehr für die Freiheit ab, darauf wurde gleich auf den 1. Februar eine abermalige zeremonielle Versammlung einberufen. An ihr musste auf jeden Fall eine schöne Rede gehalten werden. Wer sollte das tun? Nun, als bester Redner galt immer noch der Landvogt selber. Das war Karl Müller-Friedberg (1755–1836), Hofkavalier des Abtes, der dann «eine vortreffliche, rührende Abschiedsrede hielt, die fast jedermann bis zu Tränen rührte». Unter Umarmungen, Küssen und Tränen nahm er Abschied von der Bürgerschaft und dem gesamten Landvolk. Die Toggenburger schenkten ihm, als er das Land für eine Karriere in der Helvetischen Republik verliess, sogar noch das Ehrenbürgerrecht von Lichtensteig.

Lesenswert:
Ulrich Bräkers Werke,
hoffentlich bald in einer modernen Gesamtausgabe
verfügbar.

21. Zum Gründervater genötigt?

In der Pflästerung des Basler Rheinsprungs liegt auf der Höhe des Weissen Hauses (erster Besitzer und Bewohner: Jakob Sarasin) ein rechteckiger Jurakalkstein. Die Fabel lautet, dass an dieser Stelle der am 24. November 1797 durchreisende General Bonaparte erstmals mit dem Basler Oberstzunftmeister Ochs über die Notwendigkeit einer neuen Verfassung für die damalige Schweiz gesprochen habe. Sicher war Ochs am gemeinsamen Essen, das die Räte dem siegreichen General im Gasthaus Drei Könige gaben, Tischnachbar und Gesprächspartner Bonapartes, und ebenso sicher ist, dass sie sich am 8. Dezember wieder in Paris begegneten und über die Revolutionierung der Schweiz sprachen. Wie das Gespräch im einzelnen geführt wurde, dafür gibt es als einzige umfassende Quelle nur den Bericht von Ochs selber, nämlich seine Darstellung im achten Band der «Geschichte der Stadt und Landschaft Basel». (In den Memoiren Talleyrands spielen die die Schweiz betreffenden Unterhandlungen kaum eine Rolle.)

Vordergründiger und schon in Basel angetönter Gesprächsgegenstand war die Frage, unter welchen Bedingungen das von den Franzosen okkupierte Fricktal an Basel abgetreten werden könnte. Aber das Dreiergespräch zwischen Bonaparte, dem Direktionsmitglied Reubell und Ochs nahm im Anschluss an ein Mittagessen sofort eine ganz andere Wendung. Ob die Patrioten in der Schweiz nicht eine Revolution unternehmen könnten, wenn die Franzosen in zweiter Linie stünden, fragte Bonaparte. Ochs – immer nach seinen eigenen Worten – stutzte und sagte nein, die Wachsamkeit der bisherigen Regierungen sei zu gross. Also, so meinte Direktor Reubell, ein Elsässer, der die Schweiz gut kannte, müsse man den Henker töten. Bonaparte insistierte, eine Revolution müsse kommen, und zwar bald. Darauf Ochs: «Wenn es denn seyn müsse, so geschehe es nicht durch das Volk, sondern von oben herab.» Das war die Antwort des Staatsrechtlers, der wusste, dass sich 1691 der Grosse Rat in Basel die Kompetenz erstritten hatte, das Standes-Fundamentalgesetz, also die Verfassung, zu ändern. Aber eben nur in Basel; in der übrigen Schweiz musste sich die Staatsumwälzung nach anderen Spielregeln vollziehen. Was Ochs nicht wusste: Bonaparte befürwortete im Einvernehmen mit Laharpe die Aufstellung französischer Truppen gegen das Waadtland.

Am 10. Dezember 1797 traf Ochs in einer Abendgesellschaft wieder auf Bonaparte, dem er die Frage stellte, «ob die Schweiz, nach eingeführter Gleichheit der Rechte, bestimmt wäre, das föderative System zu behalten, oder einen Staat zu bilden». Bonaparte insistierte auf der Einheitsrepublik, «une République une et indivisible». Ochs machte Einwände, der General blieb hart.

In den ersten Tagen des Januars 1798 wurde Ochs mit dem Hauptredaktor der französischen Direktorialverfassung, Pierre Claude François Danou, zusammengebracht – der Auftrag war klar: jetzt würde er die Helvetische Verfassung schreiben müssen. Warum entzog er sich nicht, warum reiste er nicht einfach ab? Er war in einer offiziellen Mission in Paris, die er nicht einseitig abbrechen durfte. Mit dem Basler Bürgermeister Peter Burckhardt war schon vorher abgemacht worden, dass Ochs in der Art, wie er das Da-

Peter Ochs 1752 – 1821
Privatbesitz Basel, Foto Marlies Tschopp

tum schrieb, den Stand der Bedrohung der ganzen Schweiz signalisieren würde. Nun war höchste Alarmstufe gegeben. Ochs und seine Gesinnungsfreunde hielten einen verfassungsrechtlichen Umbau der ganzen Schweiz für notwendig und unvermeidlich. Ochs war jetzt nicht nur offizieller, sondern auch privater Gast bei den massgebenden Leuten in Paris, sah sich ermuntert, war auch geblendet von der direktorialen Prachtentfaltung.

Also nur ein willenloses Werkzeug in den Händen der französischen Direktoren und Bonapartes? Nein, Ochs wollte in der Schweiz durchaus einen Verfassungsstaat einrichten. Er hätte ihn lieber föderalistisch gesehen, das erlaubte die Lage nicht. Der von ihm entworfene Text wurde gegen seinen Willen teilweise umredigiert. In seinem Verständnis war die Verfassung nur ein Entwurf, zu dem eine schweizerische Nationalversammlung sich hätte äussern sollen; nun wurde er, abgeändert und dreisprachig gedruckt, der Schweiz einfach befohlen. Die Modifikationen, die die Basler Nationalversammlung im Einvernehmen mit Ochs noch vornahm, wurden von der einmarschierenden Generalität missachtet. Ochs hatte sich in ein Spiel mit ungleichen Kräften eingelassen. Die ungeliebte Verfassung der Helvetischen Republik aber ist die erste für die ganze Schweiz – und auch das erste Dokument eines dreisprachigen Landes.

Lesenswert:
Peter F. Kopp,
Peter Ochs, sein Leben nach Selbstzeugnissen erzählt,
1992.

22. Kein Staat ohne Verfassung

Im Geschichtsunterricht, falls er sich überhaupt mit der Helvetik beschäftigen mag, wird den Schülerinnen und Schülern gesagt, dass 1798 in Paris eine Verfassung für die eine und unteilbare Helvetische Republik gedruckt und dann den Schweizern auf der Spitze der französischen Bajonette präsentiert worden sei. Damit soll auch ein wenig zum Ausdruck kommen, dass die Staatsumwälzung in der Schweiz von 1798 eine von der damaligen Grossmacht Frankreich diktierte war; die Schweizer selber hätten sie eigentlich nicht gewollt, wären mit dem alten Regiment noch lange zufrieden gewesen.

Das ist eine kleine, aber für die Verdrängung der helvetischen Epoche (1798–1803) typische Geschichtsfälschung, die bis in unsere Gegenwart weiterwirkt.

«Gedruckt bey Wilhelm Haas, dem Sohne, 1798» gibt es ein Dokument, das sich «Umriss einer provisorischen Staats-Verfassung für den Canton Basel» nennt. Was ist das Auffällige an dieser Drucksache?

Sie ist einmal ein Beleg dafür, dass nicht nur die Franzosen, sondern eben auch alte Basler Bürger der Meinung waren, das bisherige Fundamentalgesetz sei für die Bewältigung der anstehenden Probleme und Reformen nicht mehr tauglich. Der alte verfassungsrechtliche Zustand, der letztlich auf das Jahr 1691 zurückging, war in der Aufteilung der Räte rational kaum mehr durchschaubar und bewältigungsfähig. Zudem waren einzelne dieser Behörden sowohl in legislative, exekutive und richterliche Funktionen eingebunden. Und die demokratischen Volksrechte, besonders das Wahlrecht, waren mehrfach eingeschränkt.

Urheber und Autor dieser provisorischen Staatsverfassung war ein hoher Beamter der Republik Basel, nämlich der angesehene Landvogt in Riehen, Johann Lukas Legrand (1755–1836). Keine Rede also davon, dass nur Franzosenanhänger und jakobinische Fanatiker eine Staatsumwälzung mittels einer neuen Verfassung im Sinn gehabt hätten. Das Reizvolle dieses Entwurfes liegt vielmehr gerade darin, dass zur gleichen Zeit, da Peter Ochs in Paris mit der Redaktion der Helvetischen Verfassung beschäftigt war, einer seiner Kollegen in Basel einen eigenen Entwurf vorlegte, der so etwas wie eine Brücke vom bisherigen selbständigen Kanton in das grössere schweizerische Gemeinwesen bauen sollte. Das Prozedere, nach dem dann in Basel die Nationalversammlung als gesetzgebender Rat gewählt wurde – 20 Stadtbürger, 20 Landbürger, 20 von der Landschaft gewählte Stadtbürger – entsprach genau dem Entwurf von Lukas Legrand. Ochs und Legrand müssen in dieser Beziehung Hand in Hand vorgegangen sein.

Was war das für eine Verfassung? Wir befinden uns da in einer verfassungsrechtlich ungewöhnlich bewegten Epoche. 1795 war in Paris die Direktorialverfassung eingeführt worden, 1799 sollte die Konsularverfassung folgen, die den Weg für Napoleon öffnete. 1798 oder 1799 war in Basel auch ein republikanischer Verfassungsentwurf für Deutschland gedruckt worden, ein erst um 1960 vom DDR-Historiker Heinrich Scheel wieder aufgespürtes Dokument, das den Beginn republikanischen Denkens in Deutschland vor 1800 belegt. Es waren viele und oft die besten Köpfe, die sich damals mit Verfassungsentwürfen abmühten.

Lukas Legrand wollte in seinem Entwurf die Regierungsgewalt auf drei Standeshäupter verteilen. Die Parallelität zur französischen Konsularverfassung ist evident. Die Staatsverwaltung sollte durch sieben Collegien geschehen – noch heute zählt der Basler Regierungsrat sieben Departemente. Legislative, Exekutive und Justiz waren im Sinn Montesquieus klar getrennt, der Hohe Gerichtshof sollte zugleich als Verfassungsgericht tätig sein.

Der Eindruck aber, Lukas Legrand hätte seinen Entwurf gegen die in Ausarbeitung befindliche Verfassung der Helvetischen Republik geschrieben, wäre falsch. In den angehängten «Allgemeinen Bemerkungen» steht ausdrücklich zu lesen: «Leichter Übergang aus der neuen provisorischen Verfassung unseres Cantons in eine Verfassung für die ganze Schweiz.» Beachtlich ist auch die Behutsamkeit, mit der in dieser Verfassung den bisherigen Magistraten die Mitwirkung im neuen Staat offengehalten werden sollte.

Ein Zirkularschreiben Legrands zu diesem Entwurf ist erhalten geblieben. Darin lesen wir: «Zur Beruhigung meiner Mitbürger, über ihre künftige Verfassung, werde ich Montag früh im Grossen Rathe, meinen entworfenen Constitutions-Plan nach Grundsäzen von Sieyes, unseren lokal-Verhältnissen angepasst, vortragen, damit die Übezeügung unter sie kommt, dass mitten im Zerstören auch an Wiederaufrichten gedacht war.»

Lesenswert:
Johann Lukas Legrand,
Umriss einer provisorischen Staats-Verfassung
für den Canton Basel,
1798.

23. Anfang der parlamentarischen Demokratie

Wenn in den vorrevolutionären Räten Hehl geboten wurde, hiess das: Absolutes Stillschweigen, kein Wort an irgendwen. Auch in der Schweiz war Ratspolitik oft Geheimpolitik. Der gnädige und ehrenfeste Ratsherr konnte auf Fragen besorgter Bürger lächelnd schweigen.

Und plötzlich wurde alles ganz anders. Zu den Errungenschaften der Französischen Revolution und der Staatsumwälzung von 1798 gehörte auch, dass Ratsverhandlungen öffentlich wurden. Wer sich interessierte, konnte in den Ratssaal sitzen und zuhören. Er konnte sich auch seine Notizen machen.

Der Basler Ehegerichtsredner Johann Jacob Müller, ein historisch und auch politisch interessierter Mann, liess sich diese Möglichkeit nicht entgehen. Vermutlich sass er schon am 6. Februar 1798 im Rathaus, in der damaligen grossen Ratsstube, als die von den Wahlmännern in der Stadt und auf der Landschaft gewählten 60 Repräsentanten zu einer Nationalversammlung zusammentraten, um die Geschäfte der abgedankten Räte zu übernehmen und dem Staat eine neue Verfassung zu geben.

Müller notierte. Wernhard Huber, ein Apotheker im Rang eines Hauptmannes, wurde zum Präsidenten gewählt, Johannes Jacob Schmid, Lizentiat der Rechte, und Onofrio Bischoff, Ratsubstitut, wurden Sekretäre. Das erste Geschäft der Nationalversammlung galt der Formulierung des Eides, mit dem sich die Versammlung dem Volk gegenüber und das Volk dieser Behörde gegenüber verpflichten sollten. Das neue Regiment hielt also den alten Brauch eines öffentlichen Schwörtages, gewöhnlich auf dem Petersplatz, aufrecht. Er wurde gleich am folgenden Tag abgehalten. Dann bildete – es gab ja keine Regierung mehr – die Versammlung neun Komitees, ein eigentliches Regierungskomitee und, so würden wir heute sagen, Komitees für die Leitung einzelner Departemente.

War das alles neu? Der Form nach schon, aber nicht den Personen entlang. Unter den 40 aus der Stadt gewählten Repräsentanten, zu denen die 20 Repräsentanten der Landschaft kamen, sassen drei ehemalige Standeshäupter, 12 frühere Kleinräte, mehr als ein Dutzend Grossräte, Richter und Beamte des alten Regimes. Die Staatsumwälzung in Basel wurde ohne die Anwesenheit französischen Militärs durch eine grosse Gruppe von schon vorher in der politischen Verantwortung stehenden Leuten vollzogen. Sie war in diesem Sinn durchaus eine freiwillige Revolution, zwar in erheblicher Unruhe bewerkstelligt, aber mit einer gewissen Gelassenheit und sogar Einsicht ausgeführt.

Doch zurück zu Müller. Bereits am 10. Februar 1798 wurde beschlossen, die Beschlüsse der Nationalversammlung zu drucken. Dazu sollten «junge fähige Bürger, die Kopf und Talente besitzen», delegiert werden. Samuel Flick druckte sogleich dieses «Journal des débats». Auch die Rechnungslegung des Staates sollte jetzt öffentlich werden; die Nationalversammlung musste hier der alten Regierung «Nachlässigkeit und Schlendrianismus» ankreiden. Der Bürger Schmid betrübte sich darüber, «was Fehler und Missbräuche die ehevorige Regierung sich schuldig gemacht». Es sei dringend nötig zu wissen, «wie unsere Einnahmen und Ausgaben stehen».

Die Geschäfte der Nationalversammlung glichen in mehr als einer Beziehung der Traktandenliste des heutigen Grossen Rates, allerdings mit einer Ausnahme: auch aussenpolitisch sah sie sich gefordert. Das waren die Verhandlungen mit andern eidgenössischen Ständen und mit auswärtigen Mächten, vor allem Frankreich, das ja, während die Nationalversammlung tagte, über den Jura und die Waadt in die alte Eidgenossenschaft einmarschierte. Daneben ging es um den Staatsaufbau, die Organisation der Gerichte, der Polizei, des Fürsorge- und Kirchenwesens. Zugleich musste sich die Nationalversammlung auch als eine Konstituante, also eine verfassungsgebende Versammlung, verstehen. Am 6. März sprach der aus Paris zurückgekehrte Peter Ochs zwei Stunden lang in der Versammlung, der nun auch die in Paris gedruckte Helvetische Verfassung vorlag. Ochs «erkannte die hieher gesandte Constitution für die seine», distanzierte sich aber vom Druck und versprach der Versammlung eine ausführliche, artikelweise Erläuterung dieses Verfassungsentwurfes. Dass das französische Militär dessen Annahme durch einzelne Kantone befahl, lag nicht in seinen Absichten.

Die Einzigartigkeit des Textes von Müller liegt darin, dass seine Aufzeichnungen als das erste Dokument des Übergangs vom alten Regiment in die parlamentarisch-repräsentative Demokratie gelten dürfen – eine Staatsform, in der wir zum Teil noch immer leben.

Lesenswert, falls einmal publiziert:
Johann Jacob Müller,
Geschichte der provisorischen National Versammlung,
Staatsarchiv und Universitätsbibliothek Basel.

24. Bericht zur Lage

Im Frühjahr 1798 fand in der Schweiz die Staatsumwälzung statt. Freiwillig, wenn man so will, in Basel, das allerdings nach drei Himmelsrichtungen von französischen Soldaten umzingelt war; mit Hilfe von französischen Truppen militärisch unterstützt im Waadtland. Merkwürdig widerstandslos in den früheren Untertanenländern wie Aargau, Thurgau, im Toggenburg. Auf heftigen politischen Druck in den eroberten Freiburg, Solothurn, Bern und Schwyz; mit markanten politischen Auseinandersetzungen in Luzern und Zürich. Im Sommer 1798 war dann im Prinzip die Helvetische Republik eingerichtet, reichlich provisorisch zwar, aber sie hatte jetzt eine oberste Landesbehörde mit Direktoren und – ihnen untergeordnet – Ministern im Sinn von Departementsvorstehern. (Der Vorschlag von heute, unter dem Bundesrat von Staatssekretären geführte Departemente in der Schweiz einzurichten, ist in diesem Sinn ein helvetischer Wiederbelebungsversuch.)

Wie reagierten die Leute, also das Volk, auf diesen neuen Staat? Es macht keine Schwierigkeit, aus den Aufzeichnungen, handschriftlichen so gut wie gedruckten, jede Art von Reaktion der Zeitgenossen aufzutischen: Begeisterung, Verachtung, Zynismus, Lobhudeleien, Beschimpfungen, Kopfschütteln, Spott und kindliches Staunen. Die Schwierigkeit für uns heute liegt darin, einen Berichterstatter zu finden, der gut genug plaziert war, um die Ereignisse im ganzen Land zu überblicken, der die alte Eidgenossenschaft so schätzte wie er die Tragweite der Helvetischen Revolution ermessen konnte, der in keine kantonalen Vorurteile eingebunden war, dazu noch über das notwendige politische Verständnis verfügte und auch zu schreiben verstand.

Da bietet sich einmal mehr der Neubürger Heinrich Zschokke an, der als hoher helvetischer Beamter, bevor er Ende 1801 an der Helvetischen Republik irre wurde und sich ins Privatleben zurückzog, auch Zugriff auf die amtlichen Berichte hatte. Drei Jahre nach seinem Austritt aus dem helvetischen Staatsdienst verfasste er seine «Historischen Denkwürdigkeiten der helvetischen Staatsumwälzung» – er ist der erste oder einer der ersten, der eben nicht von einer Revolution, sondern einer Staatsumwälzung sprach, was auch aus heutiger Perspektive der angemessenere Ausdruck bleibt. Im Bericht über den Aufruhr von Stans aus dem Jahr 1799 – nicht zu verwechseln mit dem Widerstand der Nidwaldner ein Jahr zuvor – zitiert Zschokke einen Bericht des helvetischen Innenministers Rengger über die Lage der Republik wie folgt: «Im Ganzen war die grosse Masse des Volks gleichgültig gegen die alte und gegen die neue Staatsverfassung, weil es beider Zweck und Werth zuwenig kannte, und nur einzelne Theile derselben, auf seine eigenthümliche Verhältnisse beziehend, würdigte.» Anders gesagt, die Helvetische Republik als der erste Verfassungsstaat auf gesamtschweizerischem Boden, ein moderner Staat insofern, als er auch ein bürokratischer Staat mit einem rationalen Staats- und Verwaltungsaufbau war, ging gewissermassen über die Köpfe der Leute hinweg. Zschokke stellte dann die Lage in den einzelnen Kantonen dar, übernahm Informationen «meistens wörtlich aus den Amtsberichten der obersten Kantonsbehörden». In Solothurn: «Schwer hielt es, das Volk überall gehörig zu belehren». Im Kanton Linth «fehlte fast gänzlich ein der neuen Verfassung zugewandter Sinn». In Basel «entspann sich vorzüglich Furcht wegen gänzlicher Aufhebung der Innungen und Zünfte». Im Berner Oberland «knüpften mit den Schildworten Freiheit und Gleichheit die Landleute gar fremdartige Begriffe zusammen». Dazu kam in den vorwiegend landwirtschaftlichen Gegenden wie etwa dem Kanton Säntis, «dass von mehreren hundert Landleuten kaum einer selbst lesen konnte» – was sollte da eine Regierung, die mittels schriftlichen Dekreten zu regieren versuchte? Es mussten «ihnen die Geistlichen Vorleser und Ausleger der neuen Gesetze werden».

Zschokke zusammenfassend: «So herrschte in Helvetien kein Gemeingeist, kein allgemeines Sehnen zur Rückkehr nach dem untergegangenen Staatsverhältniss, aber auch keine Liebe für die neue Verfassung. Was die Völkerschaften seit einem Jahre verloren, und was sie empfangen hatten, war nicht ihres Willens gewesen. Nur in dem Einzigen stimmten alle überein, dass die Beherbergung eines fränkischen Heeres unerträglich sei, und dass die Zentralregierung, unvertraut mit dem Geist der Nation, allzu schonungslos deren Vorurtheile und Meinungen verwende.»

Eine ganze Nation wollte von einer neuen Verfassung und der neuen Zeit nichts wissen.

Lesenswert:
Heinrich Zschokke,
Der Aufruhr von Stans und der Urkantone im
Sommer 1799,
in: Ausgewählte Schriften, Zweiter Theil,
1825.

25. Das Basler Modell

Im Unterschied zu den meisten Ständen der alten Eidgenossenschaft vollzog sich die Staatsumwälzung im Januar 1798 in Basel ohne direkte militärische Eingriffe oder Bedrohungen durch Frankreich.

Basel geriet dadurch in Misskredit bei vielen Eidgenossen, vorwiegend in Bern und in den innerschweizerischen Kantonen. Eine gewisse aus der Norm schlagende Aussenseiterstellung Basels schien sich zu bestätigen (und wirkt vielleicht noch heute nach). Die international orientierte Handels- und Seidenbandstadt funktionierte offensichtlich anders als Freiburg, Glarus oder Schaffhausen. Die eine treibende Kraft hinter der Basler Revolution war der in Hamburg aufgewachsene und französisch erzogene Peter Ochs. Dieser machte in Basel drei Parteien aus, die sogenannten Aristokraten, den alten Zuständen verpflichtet, die französenfreundlichen Demokraten, dazwischen die besorgten Neutralen.

Das war schon eine erhebliche Vereinfachung der tatsächlichen Zustände. Die Auseinandersetzung zwischen Alt und Neu, zwischen Machbarkeit und Utopie, vollzog sich bei den Leuten, die Politik zu reflektieren bereit waren, sozusagen in jedem einzelnen Gemüt. Die Lage Basels war empfindlicher als die Lage anderer Kantone. Von Hüningen bis Häsingen dehnten sich grosse Militärlager aus, hinter Riehen hatte man es mit Markgräflern oder kaiserlichen Jägern zu tun, das Fürstbistum war bis Arlesheim französisch geworden, bei Rheinfelden standen österreichische Trup-

Peter Vischer-Sarasin 1751 – 1823
Bildersammlung Universitätsbibliothek Basel

pen. Eine eigentliche Grenzbesetzung mit eidgenössischen Zuzügern war nötig; die Tagsatzung delegierte Repräsentanten, hohe Amtsträger aus anderern Kantonen, in die Ratssitzungen nach Basel. Diese setzten sich mit ihren Basler Kollegen ins Einvernehmen. Daraus entstanden persönliche

Freundschaften wie etwa zwischen Peter Vischer (1751–1823) und dem Zürcher Hans Caspar Hirzel (1746–1827).

Nachdem Hirzel als Repräsentant abgelöst worden war, blieben Vischer und er im Briefwechsel. Dieser diente auch der politischen Information zwischen Basel und Zürich. Er musste zur grundsätzlichen Auseinandersetzung werden in dem Augenblick, da die Gefahr für die Eidgenossenschaft wuchs, von Frankreich vereinnahmt zu werden. Am 27. Juni 1797 war Vischer in einem Brief an Hirzel überzeugt, «dass ein neues Ungewitter im Innern des Landes bald wieder ausbrechen muss». Vischer war klar, dass die alte Verfassung mit ihrer Trennung in Bürger, Hintersässen (Niedergelassene) und Untertanen untauglich geworden war. Er wünschte sich aber (25. November 1797), «dass man sich noch in rechter Zeit darauf gefasst mache, und nicht abgewartet werde bis innere Gährung selbige nothwendig machen oder gar erzwingen». Am 18. Dezember beantragte er im Grossen Rat, dass die Untertanen auf der Landschaft den Stadtbürgern gleichgestellt würden, und erntete Spott wo nicht Beschimpfungen. Hirzel reagierte mit einem empörten Brief. Vischer antwortete am 4. Januar 1798: «Bei uns bleibt nur die Frage zu entscheiden: ist es besser wir geben uns freiwillig eine einförmige für Stadt- und Landbürger billige kraftvolle, unabhängige für unsere beiden Nachbarn gleichmässig concessierende Regierung, oder wollen wir aufs Extrema ankommen lassen, wo wir uns alsdann nicht zu helfen wissen, wo Anarchie und fremde Einmischung unausbleiblich eintreten werden... Um Gottes Willen beherzigen wir doch das allgemeine Wohl, nicht mehr nach einem alten Schlendrian, sondern bloss nach der gegenwärtigen Lage der Dinge, die absolut eine Änderung erfordern.»

Hirzel blieb bei seinem Tadel, und so schrieb ihm Vischer am Tag, da in Liestal schon ein Freiheitsbaum aufgerichtet wurde (17. Januar 1798): «Nach Ihrer Meinung könnten allein durch einen hartnäckigen Widerstand unserer Regierungen unsere bisherigen Verfassungen in ihrem alten Wesen beibehalten werden. Nach der meinigen hingegen müssen massgebende Mittel und gewisse Änderungen erfolgen, wann wir nicht unsere ganze politische Existenz auf das Spiel setzen, und den Greuel der Anarchie verhüten wollen.»

Am 20. Januar 1798 übergaben die alten Räte von Basel das Geschick des Staates einer Nationalversammlung, zu deren Mitgliedern Peter Vischer gehörte. Hans Caspar Hirzel aber finden wir 1801 als helvetischen Senator, später als Präsidenten der Interimsregierung im von Österreich besetzten Zürich, und in den letzten anarchischen Tagen der Helvetischen Republik als Staatsgefangenen in Basel, wo Vischer ihm den Hausarrest erträglich zu machen versuchte.

Lesenswert:
E. Schlumberger-Vischer,
Beiträge zur Geschichte Basels in den 90er Jahren
des 18. Jahrhunderts,
Basler Zeitschrift für Geschichte
und Altertumskunde, 13. Band,
1914.

26. Révolution en miniature

Die Geschichtsschreibung greift in ihrem Bemühen, Ordnung und Übersicht in die Ereignisse zu bringen, gern auf die grösseren Zusammenhänge zurück. Gewichtige Vorgänge haben Folgen auf den untergeordneten Ebenen. Die entgegengesetzte Optik, dass man nämlich für das Verständnis solch grosser Vorgänge in kleinste Verhältnisse blickt, ist oft nicht weniger interessant. So soll hier vom aargauischen Sarmenstorf in der Helvetik die Rede sein.

Das Wichtigste vorweg: Von einem Kanton Aargau war zur Zeit der Helvetischen Staatsumwälzung von 1798 noch nicht die Rede. Sarmenstorf gehörte zum sogenannten Unterfreiamt, über das nach dem Zweiten Villmergerkrieg die alten Orte Zürich, Bern und Glarus herrschten. Das benachbarte Oberfreiamt hingegen gehörte allen acht alten Orten, also zusätzlich auch Uri, Schwyz, Unterwalden, Luzern, Zug. Gerichtsherren waren seit 1749 die von Roll aus Solothurn. Sarmenstorf war, ungeachtet seiner reformierten Obrigkeiten, katholischen Glaubens. Der von dieser Obrigkeit eingesetzte Untervogt hiess Alois Ruepp.

Ruepp hatte einen Bruder, den Pater Otmar Ruepp im vorarlbergischen St. Gerold. Der warnte seinen Bruder schon 1786 vor den «Freigeister-Broschüren und Fötzelbüchlein», offensichtlich aufklärerischen Schriften. 1793 beklagte er, immer mehr Schweizer würden es mit den Franzosen halten; 1794 beschwor er die Sarmenstorfer: «Haltet darum treu zur Obrigkeit, die in so rebellischen Zeiten Ehrenmänner doppelt nötig hat.» Es half nichts, im März 1798 kapitulierte

Bern, die alte Eidgenossenschaft und mit ihr die Herrschaft der Stände Zürich, Bern und Glarus über das Unterfreiamt fiel dahin. Am 11. März beschloss Glarus, dass es auf «alle in der löblichen Landschaft des Unterfreiamts gehabten oberherrlichen Rechte» verzichte, am 19. März taten Zürich und Bern desgleichen. Der Untervogt Ruepp handelte sofort und schrieb am 24. März dem Gerichtsherrn, «dass Sie schleunigst alle gerichtsherrlichen Rechte, die das Schloss Hilfikon auf die Bürger des Unterfreiamts gehabt, so wie die ehevorigen Obrigkeiten zu Handen des Volkes niederlegen sollen», und unterzeichnete mit «Ruepp, Präsident des provisorischen Volksrat der Unterfreiämter». Der «gewesene» Gerichtsherr bestätigte das ohne Protest; die Sarmenstorfer pflanzten ihren Freiheitsbaum.

Ein Problem war, zu welchem Kanton die Sarmenstorfer jetzt gehören sollten. Die einen tendierten zu einem Kanton Baden, der damals erwogen wurde; die andern, die eher katholisch gesinnten, zum Kanton Zug. Statt eines Kantons Baden entstand dann der Kanton Aargau, und Alois Ruepp liess sich zu einem seiner Senatoren wählen. Nur waren die Sarmenstorfer selber eher alteidgenössisch gesinnt, ihre Sympathien richteten sich jetzt auf Schwyz, das im April 1798 den Franzosen noch Widerstand leistete. Der einstige Untervogt und jetzt patriotische Senator Ruepp begann um seine Familie zu fürchten. «Die meisten Gemeinden unserer Ämter», so schrieb er, «sind von schlecht denkenden Emissären von Zug und Schwyz mit dem Gift des Aufruhrs angesteckt.»

Die Sarmenstorfer wussten nicht mehr, mit wem sie es halten sollten, bis kurz darauf die Franzosen selber einmarschierten. Da leisteten sie am 22. August 1798 feierlich den Verfassungseid als Bürger der Helvetischen Republik. Es begann mit den französischen Einquartierungen im Winter 1798/99 eine böse Zeit, im Juni 1799 musste man auch damit rechnen, dass das Unterfreiamt von den Österreichern zurückerobert würde. Die Leute waren unsicher, wer sich vor wem in acht zu nehmen hatte. Von Ruepps Sohn, dem späteren Arzt Alois Ruepp-Uttinger, sind Briefe erhalten geblieben, in denen er als 14jähriger Knabe die schwere Bürde der französischen Besatzung beschrieb: Requisitionsfuhren, Brot, Korn, Vieh, Fleisch waren zu leisten; die 870 Sarmenstorfer mussten 7341 Einquartierungstage für 3248 Mann und 1475 Pferde über sich ergehen lassen.

Die Verhältnisse entwickelten sich mit einer derartigen Geschwindigkeit, dass den Dorfbewohnern kaum Zeit blieb, sie in grösseren Zusammenhängen zu begreifen. Dass ihr ehemaliger Untervogt jetzt plötzlich Senator war, und dass sie über Nacht zu Bürgern eines Kantons geworden waren, den es vorher nicht gab, nahmen sie hin. Napoleon gar war für sie wie eine Märchenfigur, von der ein Landsmann nur zu berichten wusste, dass sein Hut nicht viel schöner sei als der des Wildmannwirtes, dafür sei sein Bedienter «bekleidet wie ein Türke, alles in lauter Gold; er stammt aus Ägypten».

Lesenswert:
P. Martin Baur O.S.B.,
Geschichte von Sarmenstorf,
1942.

27. Parteienlandschaft

In der Politik gab und gibt es immer Parteien. In der vorrevolutionären Schweiz waren sie häufig konfessionell bedingt, vor allem in den Landesteilen, wo die reformierte und die katholische Konfession nebeneinander existierten, wie etwa im Kanton Glarus, aber auch im Basler Fürstbistum mit dem reformierten Süden und dem katholischen Norden. Parteien existierten schon in feudalen Zeiten; aus Basel ist der Zwist zwischen den Adelsgruppen der Psitticher (Bischofstreue mit einem Papageien im Wappen) und der Sterner (an Habsburg orientiert, mit dem Zeichen eines Sterns) bekannt. In den revolutionsähnlichen Auseinandersetzungen von 1691 in Basel erfolgten Parteiungen nach familiären Gruppen; die Partei der Burckhardt und Socin stand einer zünftischen Opposition besonders aus dem Kleinbasel gegenüber.

Mit der Staatsumwälzung von 1798 entsteht eine neue Parteiung grundsätzlicher Natur: Die Anhänger des alten Regimentes stehen den Staatserneuerern gegenüber. Das ist ein Gegensatz so mächtig wie der konfessionelle Gegensatz, der das politische Geschehen in der Schweiz fast drei Jahrhunderte lang beherrscht hatte. Nun entstehen die bisherigen Parteiungen überkreuzende Konstellationen. Wie weit soll sich ein katholischer Luzerner, der die Helvetische Republik begrüsst, wie etwa Schultheiss Vinzenz Rüttimann, dem reformierten, revolutionär gesinnten Basler Oberstzunftmeister Ochs annähern? Wie soll sich der reformierte Berner Schultheiss Niklaus Friedrich von Steiger zum katholischen Fürstabt Pankraz Vorster von St. Gallen stellen, wenn sich beide im süddeutschen Exil treffen, bewegt von der Hoffnung, das alte Regiment in der Schweiz wieder herzustellen? Die neue Zeit und der fast über Nacht aus dem Boden gestampfte Staat schaffen Koalitionen, an die noch ein Jahr zuvor niemand hätte denken mögen.

Peter Ochs, der politische Entwicklungen oft schärfer als seine Zeitgenossen ins Auge fasste, sprach schon für 1789 von neuen Parteiungen in Basel: «Allein, gleich nach dem Ausbruch der französischen Revolution, bildeten sich bey uns, zu Stadt und Land, drey besondere Abtheilungen, nämlich, die Neutralen, und gegenüber zwey entgegengesetzte Parteyen. Diese Parteyen wurden mit den wenig passenden Benennungen von Aristokraten und Demokraten bezeichnet. Wenig passend waren die Benennungen, da man unter den Aristokraten Schneider, Schuster und Metzger zählte; und da keiner von den Demokraten Landsgemeinden hätte einführen wollen.» In welchem Lager er selber stand, sagt er nicht, aber sicher nicht bei den Aristokraten, auch wenn diese damals die Mehrheit in der Stadt ausmachten.

In den Jahren zwischen 1789 und 1798 wirkten die Ereignisse aus Frankreich heftig in die Schweiz hinein. Das Massaker an der Schweizer Garde vom August 1792, die Enthauptung von Louis XVI. im Januar 1793, der Beginn der Diktatur Robespierres mit der Terrorherrschaft im März 1794 lösten die widersprüchlichsten Reaktionen aus und stürzten die Leute, die eine staatliche Erneuerung befürworteten, in arge Gewissenskonflikte. Beispielhaft dafür ist der Zürcher Pfarrer Johann Kaspar Lavater, der 1791 die Revolution in einer Ode feierte, ein Jahr später widerrief, 1794 für die aufständischen Stäfener gegen das Zürcher Stadtregiment um

Milde bat, dann 1798 der Helvetischen Republik «moralische und religiöse, äusserst wohltätige Wirkungen» zubilligte, sich aber kurz danach heftig, geradezu polemisch, gegen die französische Besetzung aussprach.

Mit dem neuen Staat kamen neue Parteiungen und neue Parteinamen auf. Helvetische Patrioten nannten sich revolutionär gesinnte Anhänger der Republik, die auch – heute würden wir sagen – basisdemokratische Ziele verfolgten. Republikaner nannten sich die Leute, die den neuen Staat zwar bejahten, ihn aber so einrichten wollten, dass wirklich nur die besten Köpfe zum Zug kommen sollten. Eine zweite Parteiung überkreuzte diese, die Aufteilung in die sogenannten Unitarier, die sich einen starken Zentralstaat wünschten, und die Föderalisten, die möglichst viel Entscheidungsbefugnis bei den früheren Kantonen lassen wollten.

Mit der Mediationsverfassung von 1803 siegten die Föderalisten, die Unitarier hatten verloren, und die Republikaner entdeckten da und dort ihre Affinität zu den früheren Gnädigen Herren. Aus dem Citoyen, dem französisch gesinnten Revolutionsanhänger, wurde im Basler Dialekt der Sidian, und dieser alte Parteiname hat als die Schilderung eines Temperaments bis heute überlebt.

Lesenswert:
Wilhelm Oechsli,
Geschichte der Schweiz im 19. Jahrhundert,
1903.

28. Aus der Froschperspektive

Wir haben es heute bequem: Zuverlässige Handbücher geben Auskunft, was wo in der Schweiz, in Europa und in der Welt um die Wende von 1800 passierte. Wir können nachlesen, wie etwa die ständige Rangerhöhung Bonapartes vom General zum Konsul, zum Ersten Konsul, zum Konsul auf Lebenszeit und zum Kaiser der Franzosen das europäische Geschehen beeinflusste. Die aktuellen Ereignisse dagegen vermitteln uns täglich und sogar stündlich Zeitungen, Radio und Fernsehen.

Den Leuten um 1800 ging es ganz anders. Zeitungen erschienen, wenn es hoch kam, zweimal die Woche, parteipolitisches Gezänk war wichtiger als Nachrichten aus Paris, London, Berlin oder Mailand. Ausländische Zeitungen kamen mit tagelangen Verspätungen an und waren teuer. Gerüchte waren immer schneller, aber unzuverlässig. Am besten informiert waren wohl die Handelshäuser, die zugleich die internationale Post besorgten. Viele Leute lasen überhaupt nicht, sie konnten bestenfalls buchstabieren. Lesen war etwas für die Gebildeten, sie hatten häufig das Bedürfnis, durch eigene Aufzeichnungen etwas Ordnung im Gang der Ereignisse zu schaffen.

Das ist der Fall des Basler Handelsherrn und Strumpffabrikanten Johannes Preiswerk (1754–1834), eines Mitglieds des Grossen Rates, der an der Schneidergasse wohnte und weitere Liegenschaften im Stadtzentrum besass. Er hinterliess auch familiäre Aufzeichnungen; für die politischen wählte er den Titel «Einige Nachrichten über die Französische & Schweizer Revolution von A 1798 bis A 1809». Politisch stand er eher auf der Seite der Altgesinnten, verfolgte aber die Ereignisse der Helvetischen Staatsumwälzung mit etwas angestrengter Gelassenheit. Erwähnenswert für den 22. Januar 1798, das Datum, an dem in Basel die Staatsumwälzung gefeiert wurde, fand er besonders die Tatsache, dass jetzt die Basler Uhren, die bisher eine Stunde vorgegangen waren, «nach französichem Zeiger gerichtet» wurden.

Jetzt schauen wir ihm zu, was er vom Spätsommer 1802, in dem die Helvetische Republik zusammenbrach, berichtet: Am 3. August wurde Bonaparte in Paris zum lebenslänglichen Konsul proklamiert, zugleich starb Prinz Heinrich, ein am preussischen Hof der Französischen Revolution wohlgesinnter Herr. Zum letzten Mal, sagt Preiswerk, musste er zwei fanzösische Militärs bei sich einquartieren. «Kaum hatten die Franken die Schweitz verlassen so fiengen die Unruhen in denen kleinen Kantonen wieder an», – das waren Uri, Schwyz und Unterwalden. Die Regierung in Bern schickte helvetische Truppen unter General Andermatt in die aufständischen Kantone, «welche aber mit blutigen Köpfen zuruck gesandt wurden». Auch die Stadtzürcher hatten genug von der Helvetischen Republik, worauf der helvetische General Andermatt am 10. und 13. September «Bomben, klühende Kugeln und Pächkränze» in die Stadt schoss. (Eigentlich war es einmal mehr ein Bürgerkrieg.)

Die alte Munizipalität in Basel demissionierte, eine Bürgerversammlung holte den früheren Oberstzunftmeister Andreas Merian am 16. September ins Rathaus. Der helvetische Statthalter Samuel Ryhiner sah sich seines Amtes enthoben, wollte aber die Schlüssel zum Zeughaus nicht abgeben, weshalb man neue Schlösser montierte. Aus Bern, so notiert Preiswerk, wurde die helvetische Regierung nach Lausanne vertrieben. Basel organisierte eine neue Freikompagnie, die am 7. Oktober als Hilfstruppe in das zur alten Ordnung zurückkehrende Bern abkommandiert wurde.

Dann kommt die entscheidende Wendung – im Wortlaut von Preiswerk: «Und den gleichen Morgen kam der foudroyante Brieff von Buonaparte à Paris an, laut welchem in 5 tagen die Alte saubere helvetische Regierung & Statthalter wieder solte eingesetzt werden wiedrigenfalls Er gute Mittell an der Hand habe es durch zu setzen nemblich 40/M (=40 000) Mann die an den Gränzen auf uns warteten.» Johannes Preiswerk bezeugt, sicher gegen seinen Willen, wie das Machtwort Napoleons in der Schweiz von 1802 als sakrosankt galt, keinen Widerspruch zuliess und auf keinen Fall hinterfragt werden durfte. Das ging nicht nur den Schweizern so, auch die Italiener, die Holländer, die Fürsten im Deutschen Reich wussten darum. In diesem Sinn war die Froschperspektive von Preiswerk, der das Weltgeschehen aus dem baslerischen Blickwinkel verfolgte, eine gesamteuropäische Perspektive. Und das war erst der Anfang, denn die eigentliche Entfaltung des militärischen Machtapparates von Frankreich stand noch bevor.

Lesenswert, falls einmal publiziert:
Lebenserinnerungen des Johannes Preiswerk, Privatbesitz.

29. Das Thema

Die Ausrufung der Helvetischen Republik 1798 war der grösste und nachhaltigste Umbruch in der Geschichte der Schweiz. Wie immer man ihn verstehen wollte – als Untergang einer alten Herrlichkeit, als Morgenröte einer aufbrechenden Zeit, als schmerz- und schamvolle Übergangsphase –, die Geister mussten sich mit ihm beschäftigen, und zwar weit über die geschichtliche Dauer der Helvetik hinaus.

1863 erschien in Berthold Auerbach's Volkskalender in Leipzig eine Erzählung von Gottfried Keller mit dem Titel «Verschiedene Freiheitskämpfer», deren Manuskript nicht erhalten ist, die aber in den Stichworten zu den Leuten von Seldwyla als «Helvecler Freiheitsbaum» figuriert. Helvecler war der noch immer geläufige Spottname für die helvetischen Patrioten, also die Anhänger der durch die Franzosen beförderten Einheitsrepublik. Die sehr kurze Erzählung setzt wenige Figuren in ein einfaches Beziehungsmuster: einen französischen Chasseur namens Peter Dumanet aus Paris, den Blechlackierer Zulauf in einem schweizerischen Landstädtchen, der die Helvetische Revolution schon der blechernen Kokarden wegen liebt, dessen Tochter Babette Zulauf, die sich in den französischen Chasseur vergafft, einen Nidwaldner Aloisi Allweger mit seiner frisch geheirateten Frau Klara, schliesslich den Waisenschreiber Beni Schädelein, der sich Hoffnungen auf Babette Zulauf macht. Die Geschichte endet schlimm. Der im Abwehrkampf schwer verwundete Aloisi bringt den Chasseur Dumanet um, wie dieser seine ebenfalls im Abwehrkampf der Nidwaldner erschlagene Frau Klara noch ausrauben will – die silbernen Haarpfeile und Ketten haben es ihm angetan –, dafür bekommt Beni Schädelein schliesslich seine Babette, mit der er, zusammen mit helvetischen Räten und ihrem zum helvetischen Senator beförderten Vater, einer Feier auf dem Rütli beiwohnt.

65 Jahre später ist auch bei einem Gottfried Keller (1819–1891) die Helvetik als Thema noch nicht abgehakt. «Verschiedene Freiheitskämpfer» meint auf der einen Seite den sich mit der Schweiz zunehmend solidarisierenden Chasseur Dumanet, von dem Keller sagt: «Er strebte nicht nach Rang und Auszeichnung, sondern wollte der einfache Volkssoldat der Republik bleiben, worin er durchaus nicht behindert, vielmehr umso brauchbarer befunden wurde. Erfahren und bewandert, wie er war, in der Revolutionsgeschichte, soweit sie auf den Strassen spielte, unterrichtete und lenkte er den angehenden Senator Zulauf.» Der andere Freiheitskämpfer ist der Nidwaldner Allweger, der weniger die alte Landsgemeindedemokratie verteidigt, als die Erschlagung seiner jungen Frau am beutegierigen Chasseur rächt.

Eine ganze Literaturgeschichte lässt sich so von Gottfried Keller und Jeremias Gotthelf (1797–1854) mit seiner «Elsi, die seltsame Magd» rückwärts aufrollen – die Staatsumwälzung war das Thema auf der Ebene des (negativen) Ereignisses wie des (positiven) geistigen Quantensprungs. Sie äusserte sich sofort in Spottliedern und polemischen Versen. Die literarische Geniezeit schlug durch, wenn Patrioten und Altgesinnte einander mit schweizerdeutschen Hexametern beschimpften. Der Riss ging durch Familien; in Zürich stritten die Vettern Johann Martin und Paul Usteri miteinander, der erste reimend sowie karikierend, der zweite publizistisch als Zeitungsredaktor. Für den in der Schweiz eingebürgerten Heinrich Zschokke, der sich 1798 der neuen Republik freudig zur Verfügung gestellt hatte, zwei Jahre später an ihr irre geworden war, blieb die Auseinandersetzung mit der Helvetik und dem Revolutionsgeschehen der Stoff, auf den er literarisch, biografisch, historisch in seinem riesigen, heute kaum mehr gelesenen Werk immer wieder zurückkommen musste, sehr bald schon auf Ausgleich und Gerechtigkeit bedacht. Politisch trennten ihn Welten vom letzten altgesinnten Berner Schultheissen Niklaus Friedrich von Steiger, seine Freundschaft mit Aloys Reding aus Schwyz erkaltete im Streit um die politische Ausformung der föderalistischen Schweiz. Aber Zschokke war der erste, der diesen beiden Personen verständnis- und geradezu liebevolle biografische Porträts widmete. Ulrich Hegner aus Winterthur verfasste schon 1814 «Salys Revoluzionstage», einen politischen Roman, der allen Parteien Gerechtigkeit widerfahren lassen wollte. David Hess versuchte dasselbe um die gleiche Zeit mit seiner Novelle «Der Alte auf dem Berg».

Die Autoren, die sich noch bis ins 20. Jahrhundert mit der Helvetik beschäftigten, sind kaum zu zählen. Die grösste Krise der Eidgenossenschaft war ihr wichtigstes Thema geworden.

Lesenswert:
Ernst Trösch,
Die Helvetische Revolution im Lichte der
deutsch-schweizerischen Dichtung,
1911, Neudruck von 1977.

30. Die Staatsumwälzung als Roman

Es ist keine Bildungslücke, wenn man nicht weiss, wer Ulrich Hegner war und was er geschrieben hat. Auch Lehrer für Deutsch und Geschichte müssen sich nicht betroffen fühlen, wenn sie mit diesem Namen nichts anfangen können, denn beim Buchhändler ist trotz Nationalfonds, Pro Helvetia und Literaturkrediten keine moderne Ausgabe von Hegner zu finden. Man kann nur sagen: Schade.

Also Ulrich Hegner, 1759 geboren, 1840 gestorben. Winterthurer. Das Deutsche Literaturlexikon von Wilhelm Kosch sagt: «Bedeutendster Volksschriftsteller der Schweiz vor J. Gotthelf, realistisch, auch humorvoll u. von kulturhistor. Wert.» Das ist schon allerhand.

1814 erschien von ihm ein Werk, das sich «Saly's Revoluzionstage. Herausgegeben von Ulrich Hegner» nannte. Hatte er es also gar nicht selber geschrieben? Die Vorrede begann so: «Wer die ehemalige Schweiz kannte, weiss, dass es auch in den untern Ständen Köpfe gab, die sich durch originelles Daseyn und unerwartete Geistesbildung auszeichneten.» Hegner wollte demnach als der Herausgeber von Denkwürdigkeiten eines einfachen Mannes gelten, aber schon die Zeitgenossen durchschauten diese Tarnung und betrachteten ihn zu Recht als den wirklichen Autor. Warum dieser Umweg?

1814, der Wiener Kongress hat begonnen, die Schweiz hat die von Napoleon diktierte Mediationsverfassung abgeworfen, die Völkerschlacht von Leipzig kündigt das Ende des napoleonischen Herrschaftssystems über Europa an. Die al-

Ulrich Hegner 1759 – 1840
Bilder- und Fotosammlung Stadtbibliothek Winterthur

ten schweizerischen Kantone streben zurück zu einem Regiment Gnädiger Herren, und das bedeutet auch verstärkte Zensur für alles Gedruckte. Nachdem diese Zensur schon in der mediatisierten Schweiz auf französischen Druck mehr als fleissig am Werk war, kam jetzt der Druck der kantonalen Regierungen dazu, die auch bei den Höfen in Wien, Berlin und St. Petersburg auf keinen Fall zu Tadel Anlass geben wollten. Übrigens erlebte man ja wieder eine Staatsumwälzung, die dritte nach der Helvetik (1798), der Mediation (1803); 1815 wird in der Schweiz die sogenannte Restauration beginnen. Wenn also ein Winterthurer, formell ein früherer Untertan des Zürcher Stadtregimentes, jetzt ausgerechnet über die Revolution von 1798 einen Roman veröffentlichen will, ist es verständlich, dass er sich, von 1798 bis 1801 selber helvetischer Kantonsrichter, im Notfall als blosser Herausgeber tarnen kann.

Die Helvetik, die der Schweiz den ersten Verfassungsstaat ihrer Geschichte brachte, war militärisch, wirtschaftlich, politisch und auch gesellschaftlich eine Katastrophe, das Land wurde auf den Kopf gestellt. Noch keine 16 Jahre waren seit ihrem Ende vergangen, und schon wollte einer, der früher Landschreiber der Grafschaft Kiburg gewesen war und 1798 eine vermittelnde Rolle zwischen dem Landvolk und der provisorischen helvetischen Regierung von Winterthur gespielt hatte, das ganze Revolutionsgeschehen als Roman unter die Leute bringen! Das war kühn.

Kühn war, dass er die kritischen Phasen dieser Staatsumwälzung, etwa die missratene Beschwörung der alten Bünde in Aarau, aufgriff, Personen wie den französischen Geschäftsträger Mengaud mit dem leicht zu entschlüsselnden Namenskürzel M..gd auftreten liess, das ganze Gespinst von Agenten, Zwischenträgern, gekauften Spionen ausbreitete, die Örtlichkeiten (B=Basel, Z=Zürich, A=Aarau) signalisierte. Kühn war vor allem, dass weder Revolutionäre noch Altgesinnte, noch die vermittelnden Figuren schwarzweiss gezeichnet wurden, allen billigte Hegner aufrichtige

Anliegen zu. Man erfährt viel über völlig vergessene Gesellschaftsstrukturen der damaligen Schweiz: dass in ihr noch Wiedertäufer wirkten, dass die Revolution auch eine freimaurerische Seite hatte, dass sich Landleute mit den von Frankreich verkündeten Menschenrechten identifizieren wollten, ohne deren Tragweite abschätzen zu können, wie feindselig sich in Wirtshäusern alteidgenössische Standesweibel und französische Husaren gegenübersassen.

Basel, das sich 1798 freiwillig revolutioniert hatte, spielt in diesem Roman eine besondere Rolle. Die neusten Forschungsergebnisse über die Helvetik in der Landschaft Basel mit den brennenden Vogteischlössern lassen sich jetzt von diesem Stück Literatur wie von einem Orchester begleitet lesen. Wenn die Helvetik die überhaupt grösste geschichtliche Krise der Schweiz sein sollte, ist Ulrich Hegners «Saly's Revoluzionstage» der Klassiker, der diese Krise zu bewältigen suchte. In dieser Beziehung ist er einzigartig.

Lesenswert (als Hintergrund):
Matthias Manz,
Die Basler Landschaft in der Helvetik (1798–1803),
1991.

31. Mit Gott anno 1798

Das geistige Gut, das 1798 im Gefolge der Franzosen (oder ihnen vorauseilend?) in die Schweiz kam, war sicher nicht klerikaler Natur. Die französischen Truppen unter den Generälen Brune und Schauenburg machten sich aus Priestern, Bischöfen, Äbten und Klöstern wenig; wenn überhaupt, waren sie republikanisch gesinnt. Die Einstellung der Schweizer zur aufgezwungenen Revolution drohte sich sofort wieder den konfessionellen Grenzen entlang zu polarisieren – das reformierte Waadtland, das protestantische Basel auf Seiten der Staatsumwälzung, die katholischen Innerschweizer unter der Führung priesterlicher Feldherrn wie des Paters Styger auf der Seite des alten Regimentes. Aber so einfach war das nicht. Katholische Gossauer im Fürstenland und Unterwalliser waren revolutionär gesinnt, katholische Jurassier gründeten ihre eigene Republik, und reformierte Berner hingen zu grossen Teilen an ihrer alten Staatsform.

Die Helvetische Republik versprach neben der Gleichstellung auch die Glaubens- und Gewissensfreiheit. Das war für so gut wie alle alten Orte der Eidgenossenschaft ein Bruch mit der Vergangenheit. Die Helvetik brachte die konfessionelle Gleichberechtigung, hob die Diskriminierung von Glaubensgemeinschaften auf. (Vom Basler Legrand war ein Dekret unterzeichnet, das auch die Diskriminierung der Juden beenden wollte.)

In den reformierten Stadtkantonen, wo als Hintersässen häufig Katholiken lebten, stellte sich das Problem, welche

Räume der anderen Glaubensgemeinschaft zur Verfügung gehalten werden sollten. Anlässlich der Grenzbesetzung im ersten Koalitionskrieg waren solche für eidgenössische Zuzüger aus den katholischen Orten notwendig geworden; in Basel wurde damals die Kirche zu St. Martin von beiden Konfessionen benützt. Nun aber, mit der Helvetischen Verfassung von 1798, wurde das Problem akut. Denn Paragraph 6 lautete: «Alle Gottesdienste sind erlaubt, wenn sie die öffentliche Ordnung nicht stören.» 1754 war den Katholiken in Basel erstmals gestattet worden, in der Hauskapelle des kaiserlich-österreichischen Gesandten an der Lottergasse (heute Spitalstrasse) Gottesdiensten beizuwohnen. Dann zog der Gesandte in den Gaishof um (heute Areal des Warenhauses Manor), wo weitere Gottesdienste stattfanden. Nach dem Abzug der eigenössischen Zuzüger versammelten sich die Katholiken im Clarahof, der aber nur rund 100 Personen Raum bot. 1798 wandte sich darum Josef Lacher, ein Angestellter der Schriftgiesserei Haas, an den Regierungsstatthalter Johann Jakob Schmid mit der Bitte, die von der reformierten Gemeinde nur für Kinderlehren gebrauchte Kirche St. Clara den Katholiken zur Verfügung zu stellen.

Das geschah am 3. Oktober 1798, am 14. Oktober wurde der erste katholische Gottesdienst abgehalten. Prediger war Pfarrer Roman Heer aus Klingnau, der beim Eindringen der französischen Armee Feldprediger bei den Solothurnern gewesen und nach der Kapitulation als Flüchtling im reformierten Bernbiet drangsaliert worden war. Der Kreis um Lacher sorgte dafür, dass Heer in Basel als katholischer Pfarrer mit jährlich 50 Louisdor angestellt werden konnte.

Heers Bettagspredigt vom Jahr 1798 ist im Druck erhalten geblieben. Er legte sie dem Unterstatthalter Bürger Mieg vor, grüsste mit «Freyheit, Gleichheit». Der Unterstatthalter grüsste nicht weniger republikanisch: «Ihre mir durch Übersendung Ihrer Predigten erzeigte Gefälligkeit verdankend ersehe ich mit Vergnügen wie republikanisch und bieder Sie an der Aufklärung Ihrer Gemeinde und Genossen arbeiten – fahren Sie fort, würdiger Mann!» Auf Heers und Lachers Initiative geht wohl auch das Organisations-Statut der katholischen Gemeinde von Ostern 1798 zurück, das mit dem langatmigen Satz beginnt: «Im Namen der Allerheiligsten Dreyfaltigkeit, des Vaters, des Sohnes und des Heiligen Geistes, sind wir endes unterzeichnete im Jahr nach der Geburt Jesu Christi 1798, um Heilige Ostern, nach dem wir von einer milden und wohlthätigen Regierung zu Basel die Erlaubnis und Vollmacht erhalten haten, einen eigenen Priester oder Seelsorger, für die sich allhier befindende Katholische Gemeinde aufzuführen, und zu unterhalten, jeder freywillig, und, wie wir hofen, aus Antriebe des Hl. Geistes, um die Ehre Jesu Christi, den Ruhm der Katholischen Kirche, und unser und anderer Menschen zeitliches und Ewiges Heil zu befördern, in eine Gesellschaft zusamen getreten, deren Endzweck und Form die folgenden sind.»

Wer hätte es gedacht: Die Helvetik in Basel als Geburtshelferin des Katholizismus!

Lesenswert:
Theo Gantner,
Pfarrer Roman Heer und die Helvetische Regierung, in: Basler Volkskalender 1969.

32. Zusammensetzspiel Schweiz

In einem war man sich einig: Das Eidgenossenschaft geheissene Staatensystem, vom Boden- bis an den Genfersee, vom Rhein bis südlich des Gotthards, bedurfte nicht nur einer rechtlichen Umgestaltung (Gleichstellung von Bürgern und Untertanen), eines politischen Umbaus (Abschaffung der aristokratischen, patrizischen und geistlichen Herrschaften), sondern auch einer neuen territorialen Organisation, also Aufteilung in politische und verwaltungstechnische Untergrössen. Einfach die bisherigen Stände oder Orte bestehen zu lassen, ging schlecht, weil die Staatsumwälzung am Genfersee mit dem Abfall der Waadt von Bern begonnen hatte, weil die Landgrafschaft Thurgau von mehreren Orten gemeinsam beherrscht worden war, weil zahlreiche Landvogteien – etwa Grandson, Luggarus (Locarno), Sargans, Rheintal, die Stadt Rapperswil – mit dem Wegfall der Untertänigkeit irgendwo eingegliedert werden mussten.

Es begann so etwas wie ein Puzzlespiel, das die Schweizer vor allem im Jahr 1798 und dann wieder 1803 und 1815 heftig beschäftigte. Sein Auftakt war erschreckend: Wohl wurden in der im wesentlichen auf Peter Ochs zurückgehenden Helvetischen Verfassung einzelne Kantone erstmals oder teilweise neu definiert, doch plötzlich gab der durch das Waadtland einmarschierende General Brune einen ganz anderen Teilungsplan bekannt: eine Drei- oder Vierteilung der Schweiz in eine Helvetische Republik (von Basel und Bern über Zürich bis Schaffhausen, Thurgau und St. Gallen), in einen Tellgau (mit den innerschweizerischen Kantonen plus Glarus), in eine Rhodanische Republik (mit den welschen Kantonen, dazu dem Tessin), und getrennt davon Graubünden. Ochs musste alle seine guten Beziehungen zu Paris spielen lassen und selber zu Brune wallfahrten, um dieses fatale Projekt aus der Welt zu schaffen.

Dann kam die eigentliche Helvetische Republik. Im Verfassungsplan vom Januar 1798, handschriftlich erhalten, sind es 22 Kantone (es fehlen im Vergleich zu heute Genf, Neuenburg, Jura). Die Waadt heisst Léman, Graubünden (offiziell noch nicht angeschlossen) heisst Rätien, der Tessin ist in zwei Kantone, Bellinzona und Lugano, geteilt, die Grafschaft Baden wird Zug zugeschlagen. Bern ist der im Vergleich zum früheren Staat am meisten amputierte Kanton (ohne Waadt und Aargau), er wird noch einmal verkleinert durch die Abtrennung eines 23. Kantons Oberland. Als weitere neue Kantone figurieren St. Gallen, Aargau (ohne Fricktal und Baden), Thurgau. Basel könnte durch das Fricktal erweitert werden. Aber schon im Mai 1798 wird abermals eine neue Geografie entworfen, indem die unruhigen Urkantone mit Zug in einen Kanton Waldstätten zusammengelegt werden, Glarus und Sargans einen Kanton Linth bilden, St. Gallen und Appenzell einen Kanton Säntis ausmachen. Die Grafschaft Baden und die Freien Ämter werden zu einem eigenen Kanton Baden, Thun soll Hauptstadt des Kantons Oberland werden. 1799 lag dem «Aufrichtigen und wohlerfahrenen Schweizer-Boten» von Heinrich Zschokke eine aus typografischen Elementen gesetzte Karte von Wilhelm Haas dem Sohn bei, die diese Aufteilung der Schweiz wiedergab; das Fricktal war wohl eingezeichnet, aber keinem Kanton zugeschlagen, dafür gehörten Biel und der Jura zu Frankreich. An der Zahl waren es jetzt 19 Kantone. Haas beschäftigte sich noch mit einer weiteren Vereinfachung und dachte sich zehn Kantone aus, die folgende geografische Namen erhalten sollten: Hauenstein, Rheinfall, Oberaar, Léman, Rhonequellen, Tessin, Reussquellen (oder Vierwaldstättersee), Linth, Hohensäntis/Thur, Rätien (oder Rheinquellen). Es blieb beim Projekt.

Der Verfassungsentwurf von Malmaison, datiert vom 30. Mai 1801, der die Basis für die spätere Mediation der Schweiz abgab, zählte dagegen 17 Kantone, die alten Orte wurden wieder hergestellt, das Oberland fiel an Bern zurück, Appenzell und St. Gallen wurden vereinigt, desgleichen Thurgau und Schaffhausen; Baden und Fricktal kamen zum Aargau, Glarus wurde vergrössert, nur das Wallis musste auf französischen Wunsch ein eigenes Staatswesen bilden. Weil in der Mediationsakte St. Gallen und Appenzell, Thurgau und Schaffhausen dann doch nicht zusammengelegt wurden, bestand die Schweiz nach 1803 aus 19 Kantonen, 22 wurden es erst am 7. August 1815, jetzt mit Wallis, Neuenburg und Genf. Die ehemals fürstbischöflichen Lande im Jura wurden 1815 Bern zugeschlagen und erst 164 Jahre später zum selbständigen Kanton.

Wer heute wieder an grössere Kantone denkt, kann sich also auf Napoleon sowie den Typografen Haas aus Basel berufen.

Lesenswert:
Carl Hilty,
Die Bundesverfassungen der Schweizerischen
Eidgenossenschaft,
1891.

33. Der Held von Zürich

Wer soll das sein, der Held von Zürich? Waldmann, Zwingli, Pestalozzi? Nein, diesen Titel eines Helden oder Siegers von Zürich trug General André Masséna als le héros oder le vainqueur de Zurich. Natürlich mehr in Paris als in Zürich selber. Er war es, der 1799 den aus der Bodenseegegend und in Graubünden vordringenden kaiserlichen Oberkommandierenden Erzherzog Karl, unterstützt von russischen, durch Korsakow befehligten Truppen, am weiteren Vordringen in das schweizerische Mittelland und Richtung Basel hinderte.

Wir sind da in der merkwürdig unsicheren kurzen Epoche, als in Paris das 1795 installierte Direktorium auseinanderzufallen beginnt, Bonaparte mit 30 000 Mann und einigen hervorragend qualifizierten Generälen nach Ägypten verschwunden ist, der Zweite Koalitionskrieg von 1799 durch gemeinsames Vorgehen von Österreich, Russland und England beginnt und die Schweiz von Volkserhebungen, die die neue Regierung nur mühsam und mit Hilfe der Franzosen kontrollieren kann, bedroht ist.

Es war eigentlich ein Bürgerkrieg, von Punkt zu Punkt ein lokaler, in immer wieder anderen Konstellationen, freilich nie von unversöhnlicher Entschiedenheit, aber noch grausam genug.

Blickt man von heute auf ihn zurück, so überkreuzen sich fundamental verschiedene Perspektiven. Wir haben den Gegensatz zwischen französenfreundlichen helvetischen Patrioten und Anhängern des alten Regimentes. Wir haben den Gegensatz zwischen aufgeklärten, häufig protestantischen Stadtbürgern, die das neue Staatsverständnis zu ihrem eigenen gemacht haben, und den oft katholischen Landbewohnern, die die Tragweite der Menschenrechte und eine konstitutionelle Ordnung nicht begreifen. Wir haben den aussenpolitisch begründeten Gegensatz zwischen Befürwortern der republikanischen Staatsform und den Anhängern der landesfürstlichen Herrschaftsverhältnisse. Dazu kamen, innerhalb der damaligen Schweiz, lokale Eifersüchteleien von Talschaft zu Talschaft.

Ganz anders die Optik der in der Schweiz operierenden französischen Generäle. 1796/7 war der italienische Krieg erfolgreich beendet, der Friede von Campo Formio demütigte Österreich, hatte Venedig aus der Liste der grösseren Mächte gestrichen, den Kirchenstaat lahmgelegt. Das republikanische Frankreich sah sich einer Front gegenüber, die von Mittelitalien bis an die Nordsee reichte. Eine der törichtesten Verordnungen des später guillotinierten Louis XVI. hatte 1789 gelautet, dass in der regulären Armee nur Offizier werden könne, wer adliger Herkunft sei. So wurden militärisch ehrgeizige Leute geradezu genötigt, sich der Revolution anzuschliessen.

Das war der Fall beim 1758 geborenen André Masséna aus Nizza. Sein Vater starb früh, seine Mutter vernachlässigte ihn, er musste Schiffsjunge werden. Dann kam er mit 17 Jahren als Soldat in die Armee. Wie die Revolution ausbrach, schloss er sich dem jakobinischen Club in Antibes an, meldete sich dann bei der Nationalgarde, wo er, durch die Mannschaft gewählt, Instruktionshauptmann wurde. 1791 suchte die reguläre Armee 100 000 Freiwillige, Masséna meldete sich und entriss, zusammen mit dem elf Jahre jüngeren Bonaparte, den Engländern Toulon. Nach den Siegen bei Arcole und Lodi war er kurze Zeit beim Direktorium in Ungnade gefallen; jetzt, da Bonaparte in Ägypten weilte, erinnerte man sich dieses Mannes, der den italienischen Krieg im Generalsrang beendet hatte.

In der langen Ostfront Frankreichs war die Schweiz zwischen Italien und dem Oberrhein so etwas wie das Scharnier. Der Beginn des Zweiten Koalitionskrieges 1799 war in Italien und in Süddeutschland für Frankreich ungünstig verlaufen, Masséna wurde mit dem Oberkommando der Armee d'Helvétie beauftragt. Er stand einem Gegner von Format gegenüber, dem von Russen unterstützten Erzherzog Karl, der über den Rhein in die Ostschweiz eingedrungen war und Zürich genommen hatte. Die erste Schlacht von Zürich war keine solche, sondern ein kalkulierter Rückzug Massénas über die Limmat in befestigte Stellungen auf dem Albis. Sein strategisches Geschick bestand darin, die anrückenden Russen Suwarows aus dem Reusstal ins Glarnerland und Korsakow nördlich von Zürich gegen den Bodensee abzudrängen, bis am 26. September 1799 das von Russen besetzte Zürich den Franzosen die Tore öffnen musste.

Eine Heldentat? Nein, eine intelligente strategische Anlage, verbunden mit einem präzisen taktischen Vorgehen. Masséna wäre gern auch Fürst von Zürich geworden, aber Napoleon sagte nein.

Lesenswert:
René Valentin,
Le maréchal Masséna (1758–1817),
1960.

34. Schwierigkeiten mit einem System

Die Französische Revolution war nicht nur ein politischer Umbruch, eine Emanzipation des bürgerlichen Standes, die Einführung der Rechtsgleichheit. Sie war vor allem auch ein Systemwechsel, oder besser: sie brachte Systeme zur Wirkung in Bereichen, die vorher keine solchen kannten. Dass jedes Individuum über angeborene Rechte verfügt, war schon für die Naturrechtler vor der Revolution ein Axiom, aber erst mit der Revolution wurde ein Katalog der Menschenrechte zusammengestellt. Oder dass ein Staat eine geschriebene Verfassung brauche, über die unter seinen Angehörigen Einvernehmen hergestellt werden sollte – das war (nach amerikanischem Vorbild) ein Systemwechsel.

Ein solches Systemdenken fand auch in Bereichen statt, die mit der Politik wenig zu tun hatten. Eines dieser Systeme war das metrische System, von dem Lavoisier gesagt hatte: «Nie ist etwas Grösseres, Einfacheres, in allen seinen Teilen Zusammenhängenderes aus der Hand des Menschen gekommen.»

Am 26. März 1791 beschloss die französische Nationalversammlung, den Meter als Grundeinheit für die Längenmessung einzuführen. Er sollte den 40millionsten Teil des Erdmeridians durch Paris betragen. Zugleich wurde für die Grundeinheit des Gewichts ein Kubikdezimeter Wasser bei maximaler Dichte (4°C) festgelegt. Damit waren Länge, Volumen und Gewicht in ein festes Verhältnis gebracht, eben in ein System. Die alten Masseinheiten, wie sie zum Beispiel König Henri I. von England im frühen 12. Jahrhundert festgelegt hatte, waren damit überholt (Daumenbreite = 1 Zoll, Fusslänge = 1 Fuss, Abstand von der Nasenspitze zum Daumen bei ausgestrecktem Arm = 1 Yard).

Der 40millionste Teil des Erdmeridians wurde nicht diskussionslos als Masseinheit angenommen. Noch von Talleyrand selber stammt der Vorschlag von 1790, den Sekundenpendel als Grundeinheit eines Längenmasses anzunehmen, also die Länge eines Fadens mit einem Gewicht, das von einem Endpunkt der Schwingung zum andern eine Sekunde benötigt. Teil des metrischen Systems war es auch, die notwendigen Unterteilungen nach der dezimalen Zählung einzurichten, also Meter, Centimeter, Millimeter.

Dass der Gedanke vor seiner Umsetzung da war, zeigt sich sehr schön daran, dass erst am 22. Juni 1799 die Prototypen der Massverkörperungen, nämlich ein Platinprototyp für den Meter und für das Kilogramm, in den Archives de la République deponiert werden konnten, während das metrische System als solches schon 1795 in Frankreich institutionalisiert worden war.

Ein solches System liess sich auch exportieren, besonders leicht natürlich in die Staaten, die wie die Schweiz von Frankreich abhängig waren. Also beschloss der gesetzgebende Rat der Helvetischen Republik am 4. August 1801: «In ganz Helvetien soll allgemein gleichförmige Masse und Gewichte, als die einzigen vom Gesetze anerkannten, unter folgenden Bestimmungen eingeführt werden: Für das Längenmass giebt der 400millionste Theil des Meridianumfangs der Erde unter dem Namen Hand die Haupteinheit ein...».

Was war passiert? Nicht durch 40 Millionen, sondern durch 400 Millionen sollte der Erdmeridian geteilt werden; nicht der Meter war das Grundmass, sondern die Hand, also die Länge von 10 cm. Und wie hiess dann der Meter? Er hiess Stab. 10 m hiessen Kette, 100 m Schnur, 1 km Strecke, 10 km Meile. 1 cm aber sollte Zoll heissen, 1 mm Linie. Der Grund ist evident: Der Begriff Meter klang in einer Gesellschaft von noch vorwiegend landwirtschaftlicher Struktur fremd und importiert, und im ganzen gewerblichen und Haushaltsbereich war die Masseinheit Hand (=10 cm) praktischer als der die Elle an Länge übertreffende Meter.

Das Gesetz von 1801 blieb Theorie, auch wenn es die Beamten auf den Gebrauch dieser Masse verpflichten wollte. Die Helvetische Republik funktionierte auf der administrativen Ebene schon nicht mehr, und die Bürger wollten von den traditionellen Massen nicht Abschied nehmen. Mit dem Sturz Napoleons wandten sich die in die Selbständigkeit zurückgekehrten Staaten vom metrischen System völlig ab. Was die Bundesverfassung von 1848 in Artikel 37 postulierte, nämlich für die Eidgenossenschaft gleiches Mass und Gewicht einzuführen, blieb noch bis zum 20. Mai 1875 Wunschdenken; erst dann trat die Schweiz der von Frankreich einberufenen Meterkonvention bei.

Der 1801 von der Französischen Republik der Helvetischen Republik überreichte, heute noch in Bern aufbewahrte Urmeter musste nicht weniger als 74 Jahre auf seine Akzeptanz warten.

Lesenswert:
Otto Piller,
Vom Urmeter zur Lichtgeschwindigkeit,
in: Technische Rundschau Nr. 28,
1991.

35. Singe, wem Gesang gegeben

Schulklassen und Jugendvereine sowie gemischte Chöre singen noch immer «Freut euch des Lebens» und «Bunt sind schon die Wälder, gelb die Stoppelfelder» oder auch «Traute Heimat meiner Lieben, sinn' ich still an dich zurück». Und woher stammt nur der Vers «Arbeitsam und wacker pflügen wir den Acker»? Es sind doch einfach Volkslieder, deutsche Volkslieder, schweizerische, wer weiss das so genau. Und sie stammen aus längst vergangenen Zeiten.

Längst vergangen – wie lange vergangen? Die Frage wird plötzlich spannend. Spannend auch, wen man sich unter einem Volksliedichter vorstellen darf, einen Lehrer, Pfarrer, einen Dachkammerpoeten? Vorschlag: Einen Generalstabschef der helvetischen Armee, vorher höherer Offizier bei den Schweizer Regimentern in französischen Diensten. Johann Gaudenz von Salis-Seewis (1762–1834) war es, der «Traute Heimat» und «Bunt sind schon die Wälder» dichtete, von ihm stammt auch der Liedanfang «Arbeitsam und wacker». Ausdrücklich datiert von 1794 schrieb er ein Gedicht «An die edlen Unterdrückten», wies aber in den Anmerkungen von 1821 darauf hin, dass er «dabei die Menschheit und kein besonderes Volk, noch irgendeine unterlegene Parthie im Auge» gehabt habe. Doch der Schritt vom Schweizer Offizier in Paris zum Generalstabschef in Luzern war vorgezeichnet.

«Freut euch des Lebens» hingegen stammt von Johann Martin Usteri (1763–1827), das Gedicht ist mit 1793 fast vom gleichen Jahr datiert, da Salis-Seewis an die unterdrückte

Menschheit dachte. «Pflücket die Rose, eh' sie verblüht» – vielleicht steckt auch eine Spur von Endzeitgefühl in diesem fünf Jahre vor dem Untergang der alten Eidgenossenschaft geprägten Wort. Soviel ist sicher: Martin Usteri war, im Gegensatz zu seinem Vetter Paul, alles andere als ein franzosenfreundlicher helvetischer Patriot, er lebte im Stolz auf die spätmittelalterliche Schweiz. Er kleidete sich noch 1827 nach der alten Mode: gepuderte Haare, ein Zopf, Kniehosen, Seidenstrümpfe und Schnallenschuhe.

David Hess (1770–1843), Zürcher Gardeoffizier in holländischen Diensten, schrieb kurz nach dem Tod Usteris dessen Biografie und gab den Schlüssel zu Usteris poetischen Anfängen. Mit seinem Bruder sei er als Kind stundenlang geritten «auf ihren Schaukelpferden, jeder eine Schwester vor oder hinter sich haltend, und alle sangen dann mit einander Schweizerlieder von Lavater». Gemeint ist Johann Kaspar Lavater (1741–1801), der in den 60er Jahren des 18. Jahrhunderts in einer Auflage nach der andern seine Schweizerlieder veröffentlichte, die er der Helvetischen Gesellschaft widmete. «Satt, ferner zu singen, aber unersättlich, Euch besser singen zu hören, lege ich meine bis zum Verstimmen abgenutzte Leyer zu Eueren Füssen nieder» – vielleicht eine Selbsterkenntnis, denn von Lavaters Schweizerliedern hat gesungen kaum eines überlebt.

«Glücklich sind wir; singet Lieder!
Höchster Herrscher, Dank sey Dir!
Glücklich, gut und frey, ihr Brüder,
Sagt, wo ist ein Volk, wie wir?»

– das konnte nach der Staatsumwälzung von 1798 kaum noch jemand unbeschwerten Herzens anstimmen.

Lavater, Salis-Seewis, Usteri, Zeitgenossen der Französischen Revolution und der helvetischen Staatsumwälzung, dichteten Lieder, die auch gesungen sein wollten. Somit waren Komponisten gefragt. Hier betritt ein weiterer Mann die Bühne, der Pfarrerssohn Hans Georg Nägeli aus Wetzikon (1773–1835), der schweizerische Sängervater, Musikpädagoge, Notensetzer und Komponist, Gründer einer Musikalienhandlung (heute Musik Hug) und Verleger Beethovens. Er schuf die Melodien zu einzelnen Liedern Lavaters und war schon zu seiner Zeit so bekannt, dass ihn die Nachwelt für den Komponisten von «Freut euch des Lebens» hielt. Dieses Lied aber komponierte Isaak Hirzel, ein Zürcher Flötist und Zeitgenosse Usteris; Nägeli übernahm dann den Druck der Noten. 1825 publizierte er in seinem Verlag eigene Gedichte sozusagen auf Vorrat: «Dieser und jener Vocal-Componist dürfte hier mit der Voraussetzung zugreifen wollen, diese Gedichte werden, als Gedichte eines Musikers eben auf Musik gerechnet, sich für die Composition vorzüglich eignen.» Das schweizerische Männerchorwesen erkennt in Nägeli noch heute seinen Gründervater.

Die Zeit der Demütigung und des Zusammenbruchs der Schweiz war im Bereich des gesungenen Volksliedes eine eigentliche Blütezeit geworden. Jede Krise weckt Kräfte dort, wo sie keiner vermutet.

Lesenswert:
Hans Georg Nägeli,
Liederkränze,
1825.

36. Die Lichtgestalt

Auf die Welt kam er in Bern 1745, gestorben ist er vor seinem 87. Geburtstag in Genf. Das Berner ancien régime hat er also noch gekannt – aus intimster Nähe, dürfen wir sagen, weil er Sohn eines bernischen Landvogtes und selber Landvogt war; dann hat er die Revolution, Napoleon, den Wiener Kongress, die Restauration und die Anfänge des Liberalismus der 1830er Jahre erlebt. Wichtige Staatsämter wollte er nicht übernehmen, politisch hat er wenig bewirkt. Seine ziemlich zerstreuten Schriften werden kaum noch gelesen. Zugleich schöne und kluge Frauen waren ihm wichtiger. Er darf – neben ausgezeichneten Lateinkenntnissen – als perfekt zweisprachig gelten. Schreiben war für ihn weniger ein Beruf als eine Notwendigkeit; im hohen Alter amüsierte er sich darüber, wenn Freunde aus früheren Jahren einen Text aus seiner Feder – übrigens ohne ihn zu fragen – auf deutsch oder französisch herausgaben. Eine Gesamtedition seiner Schriften zu planen, wäre ihm kaum in den Sinn gekommen, viel wichtiger für ihn war es, intelligente Gespräche zu führen, Bücher zu lesen, schöne Menschen anzuschauen. Im Alter von 80 Jahren schrieb er einem Freund: «Wer nicht denkt, wer nicht Flügel hat, um über der Erde zu schweben, wird vom Alter bald verzehrt. Die Kunst, alt zu werden, wird eine Frucht der höheren Civilisation seyn.»

Er war vier Jahre älter als Goethe, den er ein wenig wie einen Gott verehrte, das Todesjahr beider ist dasselbe, 1832. Sein Name: Karl Viktor von Bonstetten.

Genügt das, sich seiner zu erinnern? Nein, weil darin

noch nicht zum Ausdruck kommt, worin sein Zauber für die Welt und die Gesellschaft um ihn herum lag. Er war, um einen der Epoche eigenen Ausdruck zu gebrauchen, tatsächlich so etwas wie eine Lichtgestalt. Viele Zeugnisse über die Begegnungen mit ihm sind erhalten geblieben – sie sind fast durchgehend von einem Glücksgefühl getragen. Also einfach ein wunderbarer, von den Stürmen der Zeit zwar betroffener, aber keineswegs zerzauster Mensch? Oder eine schöne Seele, um den Ausdruck Goethes zu verwenden?

So einfach ist das nicht. Denn dieser Berner Aristokrat war ein Mittelpunkt und ein Vermittler in der oberen Gesellschaft seiner Zeit, durchaus im Stil der alten aristokratischen Schweiz. Staatsmänner, gekrönte Häupter, Literaten und einflussreiche Frauen suchten ihn umso fleissiger auf, je mehr er sich einer politischen Karriere verweigerte. Und wo stand er selber, war er Aristokrat, Revolutionär, ein Liberaler der frühen Stunde, ein aufgeklärter Literat?

Im «Schweitzerischen Museum» des Jahrgangs 1785 erschien im Aprilheft ein Aufsatz des damals 40jährigen mit dem Titel «Ueber die Erziehung der bernerschen Patrizier». Es war eine fast verzweifelte Beschwörung an die das Berner Regiment tragende aristokratische Gesellschaft, die Erziehung ihrer Söhne ernstlich an die Hand zu nehmen und vollständig zu reorganisieren. (Bonstetten schildert seinem Briefpartner Zschokke die Szene, wie ihn Mitschüler zum Besuch eines Bordells zwingen wollten, worauf er aus dem Fenster sprang.) Diese Reform war nicht das Programm eines Aussenseiters, Bonstetten war Mitglied im Rat der 200 und in der Schulbehörde, aber blieb erfolglos. Er wurde Landvogt in Saanen, Nyon und im Tessin, nach dem Fall von Bern begab er sich für drei Jahre nach Dänemark, wo sich sein

Karl Viktor von Bonstetten 1745 – 1832
Bildersammlung Universitätsbibliothek Basel

schriftstellerisches Talent unter dem Einfluss der Dichterin Friederike Brun (1765–1835) entwickelte. 1803 liess er sich in Genf nieder.

Das (scheinbar moderne) Nord-Süd-Problem beschäftigte ihn schon damals; er schrieb ein Werk mit dem Titel «L'homme du Midi et l'homme du Nord», das Goethe las. Seine wichtigste Tätigkeit aber lag in seiner Vermittlungstätigkeit. Er war eine Art Schaltstelle zwischen Johannes von Müller, Necker, Madame de Staël, Zschokke (den er zum Reisebegleiter der Frau von Staël überreden wollte), dem Dichter Matthison, dem Vertreter Russlands am Wiener Kongress Capo d'Istria, Pictet de Rochemont, dank dem Genf zur Eidgenossenschaft kam, der Königin Hortense. Natürlich hatte er auch mit Napoleon gesprochen.

Kaum hatte Bonstetten am 3. Februar 1832 seine Augen für immer geschlossen, publizierte Zschokke, der Karl Viktor von Bonstetten «an einem heitern Herbsttag des Jahres 1801» in Basel kennengelernt hatte, den Briefwechsel zwischen ihm und dem «Weisen», wie er ihn nannte. Er ist noch heute ein Dokument für die ebenso scharfsinnige wie aus tiefstem Herzen freundliche Beobachtung der Welt und der Geschichte durch einen geistvollen Mann.

Lesenswert:
Heinrich Zschokke,
Erinnerungen an Karl von Bonstetten, in:
Prometheus für Licht und Recht, 2. Theil,
1832.

37. Was ist Nationalbildung?

«Halb Europa ist in diesem beginnenden Jahrhundert mit Ruinen bedeckt, und, wo noch die alten Formen aufrecht stehen, da wanken sie, tief erschüttert», schrieb Karl Viktor von Bonstetten in einer 1802 in Zürich gedruckten Schrift. «Was sind die Resultate einer 12jährigen revolutionären Erfahrung? Dass, was wir Freiheit nennen, nicht allein in dieser oder jener politischen Verfassung existirt.» Das liess er genau zu der Zeit drucken, da die Helvetische Republik in eigentlichen Verfassungskämpfen ihrem Ende entgegenwankte. «Man missverstehe mich nicht. Ich will nicht sagen, dass es gleichgültig sey, welche Verfassung man habe; ich will nur sagen: Dass das Wesentliche einer Verfassung nicht in ihren Formen liege, wohl aber in der Vernunft, die sie herrschend zu machen weiss...».

Nationalbildung war sein Stichwort. Also entwarf er so etwas wie das Programm, auf welche Weise die Menschen – die jungen Männer, und für ihn auch die jungen Frauen – in der Nation Schweiz herangebildet werden könnten. Es war gut, dass die Republik von 1798 der «kleinen Tyrannie in kleinen Staaten» ein Ende gesetzt hatte; es «wäre hinlänglich mich für die Einheit der helvetischen Republik zu entscheiden». Er wollte dort anknüpfen, wo der mit ihm befreundete Heinrich Zschokke vier Jahre zuvor als Leiter eines Büros für Nationalkultur begonnen hatte; es ging jetzt darum, die Voraussetzungen für diese Nationalkultur zu schaffen.

Bonstetten selber hatte sich zur Zeit der Helvetischen

Staatsumwälzung nach Dänemark abgesetzt, für ein Leben mit der Poesie und als Begleiter der Dichterin Friederike Brun. Der mit seinem Staate Bern innerlich zerfallene Schriftsteller wollte dem Drama des Untergangs der alten Eidgenossenschaft nicht in nächster Nähe beiwohnen. Aber er hing an dieser Schweiz, innerlich und mit den vielen Fäden seiner grossen Korrespondenz. Aus der Ferne entwirrte sich das Bild der stolpernden Republik; gerade weil ihre politischen Kämpfe so unfruchtbar waren, konnte er sich umfassendere Gedanken über ihre Zukunft machen und entdeckte Möglichkeiten, die schon seinen Brieffreund Philipp Anton Stapfer, den ersten Kulturminister der Schweiz, zur Gründung des Büros für Nationalkultur bewogen hatten.

Kultur, verstanden als ein umfassendes Erziehungssystem, freiwillige natur- und geisteswissenschaftliche Gesellschaften, Jugendgesellschaften, wenn möglich in jedem Dorf, dann Schulen, in denen das Wissen mit praktischen Tätigkeiten zusammengeführt werden würde, sportliche Betätigungen – das war das Programm. In vier Klassen sah er alle der Ausbildung würdigen menschlichen Tätigkeiten geordnet: Ackerbau, Industrie, Gesetzeskunde, Sitten – wobei er den Sitten auch die religiöse Unterweisung und die Pädagogik zuordnete. Er war einer der ersten, die nicht nur von der öffentlichen Meinung sprachen, sondern die sich überlegten, was sie bedeutete und welches ihre Gesetze waren. Pressefreiheit war unverzichtbar: «Jeder Bürger hat so gut ein Recht zu seiner Nation als zu seinem Mitbürger zu sprechen; denn er hat Verhältnisse mit beiden.» (Die Helvetik hatte die Pressefreiheit schon wieder aufgegeben, und die kommenden Jahrzehnte sahen eine Schweiz ohne Pressefreiheit.) Er machte die heute noch gültige Feststellung, dass man, um das Wesen eines Staates zu begreifen, weniger auf Verfassungsartikel oder Gesetze als in die Verwaltung blicken müsse. Das Strafrecht wollte ihm ganz und gar mangelhaft vorkommen, das Zivilrecht lückenhaft. Nationalbildung hiess für ihn auch, dass von einem obersten Institut (der von Stapfer gewünschten helvetischen Universität) das Bildungswesen stufenweise über das ganze Land hin organisiert werden sollte, dass der Auftrag an die Besten dahin ging, die begabten jungen Leute nachzuziehen. Er sah die politisch ohnmächtige Schweiz in einer Art von Aufbruchstimmung: «Die Mittel zu unserm ehemaligen Wohlstand zu gelangen, sind noch in jeder Erinnerung lebendig, und in den weiten Ruinen, die uns umgeben, strahlt allenthalben das bessere hervor.»

Nationalbildung war für ihn die Grundlage, zugleich die Voraussetzung nationalen Wohlbefindens, das mit blossem Wohlstand nicht verwechselt sein wollte, denn: «Die Menschheit ist eine der hersten Gaben des Himmels und der Jugend, sie sollte mit Sorgfalt gepflegt werden.» Aber wie die Schweiz 1803 mediatisiert wurde und 1815 einen neuen Bund bildete, war von einer einheitlichen Erziehung nicht mehr die Rede, jeder Kanton richtete rücksichtslos sein eigenes Schulsystem ein.

Lesenswert:
Karl Viktor von Bonstetten,
Über Nationalbildung,
1802.

38. Von höherer Warte

Hier wird von Karl Müller von Friedberg, 1755–1836, dem eigentlichen Vater des Kantons St. Gallen, berichtet.

Die Helvetische Staatsumwälzung von 1798 hatte in der Ostschweiz neben dem Thurgau die Kantone Säntis und Linth geschaffen. Es waren künstliche Gebilde, und als mit der napoleonischen Vermittlungsakte die Souveränität wieder an die alten Kantone zurückfiel – also auch an Glarus und Appenzell –, stellte sich die Frage, was für ein Kanton aus den ehemaligen Untertanenländern des Fürstabts von St. Gallen und aus den Landvogteien Rheintal, Gams, Sargans, Gaster, Uznach, Rapperswil entstehen sollte, mit Hauptstadt St. Gallen. Die zusammengebundenen Stäbe im Liktorenbündel des Kantonswappens St. Gallen haben von daher ihren Sinn; die grüne Farbe war – wie in der Waadt – diejenige der Freiheit, und ohne Müller-Friedberg (wie er oft genannt wird) hätte dieser Kanton 1803 als einer der sechs neuen vielleicht nicht überlebt.

Aber das ist schon ein Vorgriff auf sein späteres Wirken. Er kam aus bestem Haus, sein Vater diente dem Fürstabt von St. Gallen, Kaiser Joseph II. hatte ihn in den Reichsritterstand erhoben. Der Sohn machte Karriere, Obervogt des Fürstabts zu Rotenberg im Rheintal, kurz danach in die noch wichtigere Vogtei Oberberg im Fürstenland berufen. Er erhielt den Titel eines Geheimen Rates und durfte neben seinem Vater als zweiter Gesandter auf der eidgenössischen Tagsatzung den Fürstabt vertreten.

Von höherer Warte meint, dass er schon als Dreissigjähriger wichtigste politische Geschäfte überblickte. Dann brach die Französische Revolution aus, er residierte in Gossau, hatte nebenbei fünf Theaterstücke geschrieben und auch drucken lassen. Was sollten die Schweizer angesichts der Ereignisse in Frankreich tun? Die Hände in den Schoss legen oder sich in den allgemeinen Strudel werfen? Anonym erschien von ihm eine Schrift mit dem Titel «Hall eines Eidgenossen» und dem (lateinischen) Motto: «Damit die Republik keinen Schaden nehme». Die Eidgenossenschaft müsse «im eigentlichsten Sinne nichts tun, aber stets bereit sein, Alles zu tun»; ihr Hauptaugenmerk sollte sie richten «auf die Staatenvereinigung und den Verteidigungszustand. Beide sind unzertrennlich zusammenhängend.» Das war, neun Jahre vor der Helvetischen Staatsumwälzung, wieder eine Diagnose von höherer Warte: Die Schwäche der alten Eidgenossenschaft lag in ihrer zentralen Machtlosigkeit und ihrer völlig unzureichenden Militärorganisation.

Dann wurde er 1792 Landvogt im Toggenburg. 1794 gab es Unruhen in Gossau, Müller-Friedberg sorgte für den gütlichen Vertrag zwischen dem Fürstabt Beda und den Gossauern. 1798 brach die Revolution im Toggenburg aus; er war es, der in einer Übergabeurkunde den Toggenburgern die Freiheit schenkte und in Lichtensteig die Abschiedsrede hielt. Bedas Nachfolger, der neue Fürstabt Pankraz Vorster, tobte. Müller-Friedberg, dem jetzt stellenlosen Gotteshausmann, war die Helvetische Republik nicht gerade auf den Leib geschrieben, aber dann sagte er sich, wieder von höherer Warte, dass man sich willig in die Gesetze fügen müsse. Ende 1799 wurde er Mitglied der helvetischen Finanzkommission. Eine neue Karriere im Dienst der von Staatsstreichen geschüttelten Helvetischen Republik begann, die ihn 1802 als

Staatssekretär für auswärtige Angelegenheiten, als Mitglied der Notabeln-Versammlung für die Redaktion einer neuen Verfassung und als delegierten Senator an die Pariser Konsulta Ende 1802 sah. Seine Haltung war die eines gemässigten Unitariers, aber die von Napoleon diktierte Mediationsakte vom Februar 1803 sah keinen Zentralstaat mehr vor, sondern 19 möglichst souveräne Kantone, darunter die sechs neuen SG, GR, AG, TG, TI, VD.

Müller-Friedberg war nach wie vor von der Notwendigkeit eines starken Gesamtstaates überzeugt; bei Napoleon hatte er sich heftig, wenn auch vergeblich, für ein gesamtschweizerisches Bürgerrecht eingesetzt. Aber jetzt ging es, wiederum von höherer Warte gesehen, darum, diesen neuen Kanton St. Gallen so zu organisieren, dass er in der mediatisierten Schweiz Bestand haben konnte. Das bedeutete eine über zwölf Jahre dauernde Auseinandersetzung mit den Ansprüchen des Fürstabtes Pankraz, seinem einstigen Dienstherrn. Müller-Friedberg bestand sie erfolgreich politisch, diplomatisch (mit Eingaben an den Wiener Kongress) und publizistisch, da er seit 1806 eine eigene Zeitung, genannt «Der Erzähler», besass. Er wurde nicht nur der Vater, sondern auch der heimliche König dieses Kantons und blieb es bis 1831.

Lesenswert:
Johannes Dierauer,
Müller-Friedberg, Lebensbild eines Schweizerischen Staatsmannes,
1884.

39. Der Karrierenknick

Wenn man das Jahr 1798 als dasjenige betrachtet, das die alte Eidgenossenschaft ausser Kurs setzte und in Form einer Einheitsrepublik auf den Kopf stellte, übersieht man gern das Schicksal einzelner Menschen in dieser Staatsumwälzung.

Karl Ludwig von Haller (1768–1854), ein Enkel des Universalgelehrten Albrecht von Haller, ist der Mann, dem wir den Ausdruck Restauration für die Periode 1815–1830 in der Schweizergeschichte verdanken. Sein Hauptwerk hiess «Restauration der Staatswissenschaft» und erschien von 1816 bis 1834. Es war der eigenwillige und scharfsinnige Versuch, die nachrevolutionäre und nachnapoleonische Schweiz, ja die europäischen Monarchien, wieder an ihre Wurzeln aus der Zeit vor 1789 zurückzuführen.

Ein Ideengebäude nur aus einem biografischen Schicksal zu erklären, ist kein redliches Unterfangen. Aber eine Biografie kann zeigen, warum anfänglich vertretene Ansichten sich aus aktuellem Anlass veränderten und sich sogar ins Gegenteil kehrten.

Karl Ludwig von Haller war der Sohn eines Berner Landvogtes in Nyon, seine Mutter entstammte dem ebenfalls regimentsfähigen Zürcher Geschlecht der Schulthess-Rechberg. Karl Ludwigs Vater, Gottlieb Emanuel, setzte ihn testamentarisch – er war der zweitälteste Sohn – zum Haupt der Familie ein und vererbte ihm alle Familiendokumente, seine Bücher und Manuskripte über die bernische Geschichte. Bern, der mächtigste Staat der alten Eidgenossenschaft, zugleich der aristokratischste, zählte 1787 nur noch 243 Burgergeschlechter, und die Zahl der tatsächlich regierenden Familien war auf 68 herabgesunken.

1786 trat Karl Ludwig von Haller in den bernischen Staatsdienst als Untersekretär des Kleinen Rates, er war also 18 Jahre alt. Schon 1787 wurde er Kommissionssekretär, konnte in dieser Funktion an den eidgenössischen Tagsatzungen in Aarau, Baden und Frauenfeld teilnehmen. Er begann bald zu publizieren, hielt 1794 eine grosse Rede «Über den Patriotismus» und beschäftigte sich mit Reformvorschlägen im Prozesswesen. Er wurde Gesandtschaftssekretär und traf in der Nähe von Lugano und in Mailand 1797 mit dem Herrscher über die Cisalpinische Republik, Bonaparte, zusammen. Kurz danach war er in Paris, fand Aufnahme im Salon der Madame de Staël und beim allmächtigen Aussenminister Talleyrand, der dieser Berner Gesandtschaft jedoch riet, die Pässe zu verlangen und heimzukehren.

Haller war beleidigt. Seine nächste Mission führte ihn an den Kongress von Rastatt, wo er mit den preussischen und österreichischen Gesandten in näheren Kontakt kam und als Verfasser von Memoranden zunehmend aktiv wurde. Wie er im Februar 1798 nach Bern zurückkehrte, befand sich das Berner Staatswesen schon am Rand des Abgrundes, da am 2. Februar Schultheiss, Kleiner Rat und die Zweihundert den Beschluss gefasst hatten, eine neue Verfassung einzuführen. Mit dieser Aufgabe wurde Haller betraut. Er verfasste das «Projekt einer Constitution für die schweizerische Republik Bern». Erstaunlich im Hinblick auf sein späteres Werk bleibt, dass er in dieser Verfassung von der Gleichheit der Rechte, von Religions-, Gedanken- und Pressefreiheit ausging, von den Vorrechten der alten Geschlechter nichts mehr wissen wollte und einen eidgenössischen Bundesstaat voraussetzte. Den rund 30 Jahre alten Haller durfte man damals sogar als gemässigten Liberalen bezeichnen.

Der militärische Fall von Bern knickte nicht nur Hallers Karriere, sondern räumte auch seine liberalen Ideen beiseite. Die von der Helvetik eingeführte Pressefreiheit benutzte er für die Herausgabe einer eigenen Zeitung, der «Helvetischen Annalen», in der er die Behörden solange mit Hohn und Spott überschüttete, bis das Direktorium am 6. November 1798 beschloss, die Zeitung zu verbieten und ihn zu verhaften.

Nun blieb Haller nichts anderes übrig, als sich der schweizerischen Emigration anzuschliessen. Er wurde endgültig zum engagierten Publizisten, veröffentlichte 1799, gegen den «Schweizerboten» von Zschokke, den «Aufrichtigen Boten aus Schwaben». Mit anderen schweizerischen Emigranten setzte er sich schliesslich nach Wien ab, bis ihn 1805 die neu organisierte Akademie von Bern zurückrief. Er nahm freudig an und kündigte Vorlesungen über das allgemeine Staatsrecht an, denen zwar die Studenten aus Langeweile fernblieben, die aber für ihn zur Grundlage seines theoretischen Werkes über die Restauration wurden, mit dem seine Zeitgenossen sich die nächsten 50 Jahre mit steigender Erbitterung auseinanderzusetzen hatten.

Lesenswert:
Kurt Guggisberg,
 Carl Ludwig von Haller,
1938.

40. Der einsame Patriot des Jahres 1800

Peter Ochs, der Mann, der die Verfassung der Helvetischen Republik entwarf, wurde im Sommer 1799 von seinem Amtskollegen Laharpe als helvetischer Direktor gestürzt. Am 21. Januar 1800 reiste er mit seiner Frau und den beiden jüngern Kindern nach Strassburg, am 8. Februar weiter nach Paris. Sein jüngster Biograf, Peter F. Kopp, schreibt: «Doch Ochs hält es in dieser Stadt nicht mehr, er kehrt am 16. Mai allein nach Basel zurück ... (Er) ist jetzt allein und kann sich dorthin flüchten, wo er immer Trost und Vergessen gefunden hat: in restlose Arbeit.»

Es war eine Zeit der familiären, gesellschaftlichen und erst recht politischen Einsamkeit. Wie lebte der Mann, der mit Bonaparte in Basel im November 1797 gesprochen und gut zwei Wochen später in Paris über eine Verfassung für die Schweiz verhandelt hatte, nach seinem politischen Sturz? Darüber erfahren wir ein paar Einzelheiten aus Briefen eines Johannes Merian (1772–1805) an seinen Vater Matthäus (1744–1824). Dieser hatte Basel wegen eines Ehekonfliktes in Richtung Le Locle verlassen; sein Sohn, Mitarbeiter der Staatskanzlei und in der Helvetik Chef du Bureau du préfet national, also Sekretariatsleiter des helvetischen Statthalters, versorgte ihn laufend mit Nachrichten. Johannes Merian war ein helvetischer Patriot der ersten Stunde, in dieser Überzeugung Ochs verwandt, geriet aber zunehmend in einen Gegensatz zur damals dominierenden republikanischen Partei.

Am 17. Mai 1800 schrieb er an den Vater: «Gestern Nachmittags um 2 Ur ist Bürger Ochs von Paris allhier angekommen. Wir werden nächster Tage zu ihm gehen.» Am 18. Mai: «Disen Vormittag werd ich dem Bürger Ochs vermutlich einen Besuch abstatten; man sagt, er sey wegen eigenen Finanzangelegenheiten hier, die nicht zum besten stehen. Wem opferte aber derselbe alles auf? Der Sache der Freiheit und dem Vaterlande.»

Ochs war, soviel ist sicher, vor 1789 ein Mann mit einem sehr grossen Vermögen gewesen. Mit seinem Vater zusammen hatte er in Basel den Holsteinerhof als stolze Residenz gekauft und renovieren lassen. Grosse Teile seines Vermögens lagen in Frankreich bei seinem Schwager, den Robespierre guillotinieren liess. Die Geldwirtschaft der Assignaten strapazierte sein Vermögen weiter.

Am Nachmittag des 18. Mai war Johannes Merian mit anderen Patrioten, darunter dem Buchdrucker Johann Jakob Flick, tatsächlich bei Ochs, «der uns herzlich willkomm hiess und mit dem Ausruf oh mon Dieu auf mich zusprang, die Hand drükte, umarmte und nach Ihm (das heisst dem Vater des Briefschreibers) erkundigte. J. J. Vischer war bey ihm. Besonders riet er uns iedem, wo es etwann Gelegenheit gebe, auf die Einheit der Republik zu dringen, ohne die wir in die alte Ordnung der Dinge zurüktretten würden.»

Und nun weiss Ochs seinen Besuchern die neusten Dinge aus Paris zu berichten: Ein antinapoleonisches Traktat zirkuliere, der helvetische Minister in Paris, Gottlieb Abraham Jenner, sei von seinem eigenen Sekretär ausspioniert worden, der frühere französische Gesandte Barthélemy, der 1795 bei Ochs im Holsteinerhof gewohnt hatte, sei der Liebling der Pariser Royalisten. «Noch eine Menge andre politische Begebenheiten, bei denen wir Maul und Nase aufsperrten, wurden uns von Bürger Ochs erzählt.» Natürlich war auch von Laharpe die Rede, der am 7. Januar 1800 seinerseits gestürzt worden war; Ochs sah ihn als Werkzeug in den Händen schlauerer Leute. «Mit dem einstimmigen Wunsche, Ochs möchte bald unser erster Consul seyn, schiden wir von ihm.»

Am 15. September wusste Johannes Merian seinem Vater zu berichten, der neue helvetische Statthalter in Basel sei Heinrich Zschokke. Dieser mied den Kontakt zu Ochs, Merian verglich die beiden in ihrem hochdeutschen Akzent: Zschokke sei «der Sprache nach wie Bürger Ochs». Dann, am 27. September: «Bürger Ochs organisirt seine Bibliothek und will sie für 4000 Franken verkauffen. Wer das Gelt dazu hätte, würde, glaub' ich, um disen Preis keinen Unschik haben».

Tatsächlich kam dann der Verkauf der Bibliothek dank der Vermittlung Laharpes zustande. Grosse Kisten voller Bücher und die Geschichte Basels betreffende Manuskripte reisten über Holland nach St. Petersburg, wo sie heute noch liegen. Am 1. November wusste Merian zu berichten, dass Bürger Ochs Privatschüler für Philosophie und Sprachstudien suche; dass Ochs am 21. Dezember auch den Holsteinerhof verkaufen musste, entging ihm. Aber er sah, dass Ochs ein einsamer Mann geworden war.

Lesenswert:
Wilhelm Merian,
Briefe aus der Zeit der Helvetik (1800),
in: Basler Jahrbuch 1919 und 1920.

41. Woher die Leute nehmen?

Dass die Schweizer zwischen Januar und April 1798, also in nicht mehr als drei Monaten, einen neuen Staat entwerfen, einrichten und in Gang setzen mussten, ist für uns kaum noch nachvollziehbar. Nicht einmal fünf Jahre später war er wieder am Ende und musste auf Napoleons Befehl noch einmal umgestaltet werden. Das Neue bestand darin, dass man zum Teil aufs Alte zurückgriff, zum Teil aber helvetische Errungenschaften, etwa das Grundbuch, die Munizipalverfassungen, den Unterschied von politischen und Bürgergemeinden, bestehen liess und einen Schweizerischen Landammann erfand.

Die Schweiz mit weniger als zwei Millionen Einwohnern war im wesentlichen ein Bauernland. Die Städte waren klein, Basel zählte weniger Einwohner als seine heutige Landgemeinde Riehen; die Zahl der Studenten an der Universität betrug ein paar Dutzend, etwa gleich viel wie die der Professoren. Viele Leute waren noch Analphabeten, andere konnten knapp buchstabieren, aber kaum schreiben. Für die helvetische Regierung, die mit schriftlichen Dekreten regieren wollte, keine einfache Sache.

Das heisst auch, dass die Schicht von Beamten, die diesen neuen Staat tragen sollten, sehr dünn war. Man darf sich also nicht wundern, wenn eine grosse Anzahl von solchen Beamten aus der Zeit des Alten Regimentes übernommen wurde und dann sogar in der mediatisierten und der restaurierten Schweiz weiter eine Rolle spielte. (Das ist im heutigen Russland nicht viel anders.)

Zu den höheren helvetischen Beamten gehörten die Regierungsstatthalter, das heisst von der Zentralregierung als Vertreter in die einzelnen Kantone delegierte Chefbeamte. Der Statthalter überwachte den Gesetzesvollzug und beaufsichtigte den kantonalen Verwaltungsapparat. Er präsidierte die in der Regel fünfköpfige Verwaltungskammer der Kantone, die für die Kantonsfinanzen, Handel, Gewerbe, Landwirtschaft und Lebensmittelsversorgung, den Unterhalt der Strassen, die öffentlichen Bauten und die Kultur zuständig war. Für die gut vier Jahre dauernde Helvetik mit ihren maximal 19 Kantonen sind uns nicht weniger als 63 Regierungsstatthalter bekannt – es war das also ein weder sehr stabiles noch sehr begehrenswertes Amt. Bei den Berufen, soweit sie einigermassen eruierbar sind, dominierten mit über 30 Prozent die (ehemaligen) Magistraten, also Leute, die schon vor der Staatsumwälzung höhere Beamtenstellungen innegehabt hatten. Kaufleute/Unternehmer und Offiziere (vorwiegend aus fremden Diensten) stellten je etwas über 17 Prozent, Juristen und Advokaten fast 16 Prozent. Theologe war einer, zwei waren Erzieher, drei Ärzte, fünf Schreiber. 46 kamen aus den Hauptstädten oder Hauptorten, nur zwölf aus den Dorfgemeinden und einer – Heinrich Zschokke – aus dem Ausland.

Interessant ist, dass 14 Regierungsstatthalter Mitglied der Helvetischen Gesellschaft waren und dass alte Geschlechter, die schon in den Kantonen der vorrevolutionären Schweiz eine Rolle gespielt hatten, zahlreich auftraten, wie die Scheuchzer und Reinhard aus Zürich, die Wieland und Ryhiner aus Basel, die Tillier und Fischer aus Bern, die Tscharner, Planta und Sprecher aus Graubünden, die Glutz-Ruchti und Roll aus Solothurn, die Rüttimann aus

Luzern. Die altersmässig dominierende Gruppe war diejenige von 30-39 Jahren mit insgesamt 24 Statthaltern, die 40-49jährigen stellten 20, fünf waren unter 29, drei über 60 und einer über 70 Jahre alt. Es war, verglichen mit dem früheren Regiment, eine sehr jugendliche Beamtenschaft. Die fünf 20-29jährigen Statthalter – der jüngste, Niklaus Heer aus altem Glarner Geschlecht, zählte 24 Jahre – zeichneten sich übrigens alle durch souveräne Amtsführung aus.

Gemeinhin macht man der Helvetik den Vorwurf, sie hätte einfach sklavisch das französische Präfektursystem übernommen, der Statthalter hiess ja auch auf französisch préfet. Der Vorwurf ist falsch, tatsächlich war es eher umgekehrt. Die kantonalen Verwaltungskammern entsprachen viel eher dem französischen Vorbild. Erst mit einem Gesetz vom 17. Februar 1800 führte Napoleon die Präfekten als den verlängerten Arm der Zentralregierung in Frankreich ein; im Unterschied zur Schweiz berief er oft Landesfremde in dieses Amt, während in der Schweiz der Statthalter am liebsten aus der Bürgerschaft des entsprechenden Kantons gewählt wurde.

Eidgenössische Statthalter gibt es heute keine mehr, aber in mehr als einem Kanton gibt es noch Regierungsstatthalter. Sie stehen, oft ohne es zu wissen, in einer helvetischen Tradition.

Lesenswert:
Andreas Fankhauser,
Die Regierungsstatthalter der Helvetischen Republik,
in: Schweizerisches Bundesarchiv,
Studien und Quellen, Band 20,
1994.

42. Zusammenbruch der Geldwirtschaft

Was gehört zur Souveränität eines Staates? Unter vielen anderen Dingen, wie das Recht, Krieg zu erklären oder Frieden zu schliessen, Gesetze erlassen und Zölle an der Grenze einzuziehen, gewiss (wenn auch oft übersehen) das Recht, Geld zu schaffen und Zahlungsmittel als obligatorisch zu erklären. Man spürt es schon: Die Verbindlichkeit, die die Europäische Union nach dem Vertrag von Maastricht dereinst gewinnen kann, hängt nicht zuletzt daran, ob es ihr gelingen wird, einen europäischen Ecu, das ist ein altes französisches Wort für Taler und zugleich die Abkürzung für European Currency Unit, oder neuerdings den Euro in den Staaten der EU als Zahlungsmittel durchzusetzen.

Wer verfügte eigentlich über das Geld? Wir müssen uns – geschichtlich gesehen – von der heutigen Vorstellung lösen, dass es in vorrevolutionären Zeiten Nationalbanken waren, die über Geldmengen, Zinssätze, Wechselkurse entschieden. Im Mittelalter konnte Geld prägen, wer über Gold und Silber verfügte, also entsprechende Bergwerke besass, zugleich vom obersten Lehensherr das entsprechende Privilegium bekam und einen Markt beherrschte, allein oder mit Verbündeten, der gross genug war, um die eigenen Münzen als Zahlungsmittel durchzusetzen. Und wir sollten auch nicht vergessen, dass im kontinentalen Europa bis zur Erfahrung mit den Assignaten, dem französischen Papiergeld der Revolutionszeit, der bare Wert des Geldes, das heisst sein Silber- oder Goldgehalt, seine Kaufkraft ausmachte. Prägte ein Münzherr silberne Taler und verringerte dabei den Silbergehalt, so durfte er sich nicht wundern, wenn die Wechsler sofort die Kurse korrigierten. Verständlich wird auch, dass das Verhältnis, in dem der Wert des Goldes zum Silber stand, für den Umtausch einer Gold- in eine Silberwährung entscheidend war. Lange Zeit und eigentlich seit dem Mittelalter hatte das Verhältnis von Gold zu Silber 1:15,5 betragen; nach der Erschliessung der südamerikanischen Goldvorkommen zu Beginn der Neuzeit tendierte das Verhältnis eher zu einer Relation von 1:14,5. Ein Handelsherr von 1780 kannte die Relation der französischen Livre tournois zum rheinischen Taler oder zum österreichischen Gulden. Der Barwert des Geldes bedeutete auch, dass ein jeder bei der Münzstätte zum Beispiel sein Tafelsilber zum Einschmelzen geben und Münzen dafür beziehen konnte. Man unterschied genau zwischen Kurantgeld als dem vollwertigen Silber- oder Goldgeld und den sogenannten Scheidemünzen, also dem nach dem Metallwert unterwertigen Geld, etwa den Kreuzern. Diese hatten nur im jeweiligen Währungsgebiet einen einigermassen anerkannten Kurs.

Kein Wunder also, dass ein schweizerischer Kaufmann sich seine buchhalterischen Probleme genau überlegen musste. Bei internationalen Geschäften machte es wenig Sinn, auswärtige Währungen ständig auf Baselpfund umzurechnen, lieber rechnete er in verschiedenen Währungen. Das eigene Geld im engeren Währungsgebiet spielte eine untergeordnete Rolle – auch heute rechnen schweizerische Multis oft in Dollar.

Auf dem europäischen Kontinent war seit Colberts Zeiten Frankreich, mit dem Louisdor (als Münze) und der Livre tournois (der buchhalterischen Verrechnungseinheit), die in

Gelddingen dominierende Macht. Der französische Tresor pflegte mit seinem Rentenwesen eine merkwürdige Finanzierungspraxis: Wohlhabende Privatleute lieferten dem Staatsschatz Bargeld in Münzen ab und bezogen anschliessend Lebensrenten bis zu ihrem Tod. Das war eine Wahrscheinlichkeitsrechnung mit der Lebenserwartung des Rentenbezügers. Die Genfer unterliefen dieses System, indem sie solche Renten auf möglichst junge, gesunde und wohlbehütete Töchter abschlossen. Deren Lebenszweck bestand dann nur noch darin, möglichst alt zu werden. Finanztechnisch lief das ganze System darauf hinaus, mit der ständigen neuen Kapitalaufnahme die fälligen Zinsen zu bezahlen. Das konnte nicht gut enden.

Mit der Revolution kam die Beschlagnahmung ganzer Güter aus dem Besitz des Adels und der Kirche. Sie dienten als Deckung für die auf Papier gedruckten Assignaten. Ihr Kurs fiel zwischen dem 31. August 1789 und dem 1. Februar 1796, gerechnet zu 100 Livres tournois, von 98 (Basler) Pfund, 12 Schilling, 6 Deniers auf 0 Pfund, 10 Schilling. Riesige Vermögen hatten sich in nichts aufgelöst. Der Basler Stadtschreiber Ochs, der diesen Kurszerfall notierte, wusste, wovon die Rede war, weil ein Teil seines ererbten Reichtums auf diesem Weg verschwunden war. Das französische Direktorium aber musste zum früheren System der Gold- und Silbermünzen zurückkehren.

Lesenswert:
Herbert Lüthy,
La banque protestante en France,
1959/61.

43. Kind vieler Epochen

Wir unterteilen Geschichte nach Herrscherfiguren (die Zeit Friedrichs des Grossen), Feldzügen (die Napoleonischen Kriege) oder geisteswissenschaftlichen Begriffen (die späte Aufklärung). Die Revolution setzte mit 1789 in Frankreich und ganz Europa eine Zäsur; das für die Schweiz bestimmende Datum war das schicksalshafte Jahr 1798, das die alte Eidgenossenschaft durch die Helvetik ablöste. Es folgte die sogenannte Mediationszeit von 1803 bis 1813, in der Napoleon den verunglückten helvetischen Einheitsstaat wieder in einen Staatenbund zurückverwandelte. Die Zeit nach 1815 nennen wir die Restauration, nach 1830 kommt die Regeneration, 1848 entsteht der neue Bundesstaat. Zwischen 1798 und 1848 bezeichnen also keine Personennamen, keine Kriege (der Sonderbundskrieg war kaum ein solcher), sondern verfassungsrechtliche Begriffe und Interpretationen die einzelnen Zeitabschnitte in der Schweiz.

In einer solchen Aufteilung nach Perioden scheinen plötzlich die Menschen zu verschwinden. Oder umgekehrt gefragt: Wie ging es eigentlich den einzelnen Leuten, die all diese Epochen, eine nach der anderen, selber erlebten?

Hier wird ein Mann vorgestellt, dessen Lebensdaten allein schon ungewöhnlich sind. Er wurde 1758 geboren, er starb 1850, wurde also 92 Jahre alt. Er begann als katholischer Mönch, gebürtig aus Höchstädt in Bayern, starb als protestantischer Staatsarchivar in Aarau. Dazwischen war er Schriftsteller, Musiker, Mathematiker, Naturforscher, Redaktor an der Neuen Zürcher Zeitung, kaiserlich russischer Professor in Kasan, Professor der Naturwissenschaften und Mathematik in Aarau, Kantonsbibliothekar. Ein ungewöhnlich ausgeprägtes Leben also, das all diese geschichtlichen Perioden überspannt und zugleich mit Szenen aus gegensätzlichen Erlebnisbereichen angefüllt ist. Ein Kind aus armer Familie wird Mönch, liest heimlich die Schriftsteller der Aufklärung, quält sich mit unschuldigen Liebesgeschichten, flieht in die vorrevolutionäre Schweiz, versucht sich der Revolution im Elsass anzuschliessen, lässt sich in Zürich nieder, wird Bürochef im helvetischen Ministerium der Wissenschaften und Künste, wechselt mehrmals zwischen einem Redaktionsstuhl und einem Lehrerpult, weicht nach Russland aus und kommt wieder nach Aarau zurück. Von Jahrfünft zu Jahrfünft findet er sich nicht nur in einer anderen Gesellschaft wieder, sondern auch in einer andern Art von Staat.

Franz Xaver Bronner ist sein Name, er war ein mitteilsamer Herr. Gegen das Gefühl, Spielball seiner Zeit und Umstände zu sein, wehrte er sich mit einer Autobiografie, die er bis ins 35. Lebensjahr nachführte. Sie bekam den Titel: «Ein Mönchsleben aus der empfindsamen Zeit.» Sie erschien erstmals 1795/6 in Zürich, wurde 1810 neu aufgelegt; heute wird sie meistens in der (unbefriedigenden) Überarbeitung von 1912 konsultiert. Das erste Publikationsdatum bedeutet leider auch, dass in Bronners Text nichts über die Revolutionierung der Schweiz zu finden ist.

Das ist eigentlich schade. Denn was Bronner zu berichten weiss, ist spannend, weil es Einzelheiten sichtbar macht, die in sonstigen historischen Quellen nicht zu finden sind. Wie zum Beispiel gewann die Illuminaten-Brüderschaft, ein für die Aufklärung wichtiger Geheimorden in Süddeutschland, neue Mitglieder? Wie ging es im revolutionären Colmar auf einem Distrikts-Büro zu und her? Wie schmuggelte man bei Burgfelden Gold- und Silbergeld über die Grenze nach Basel? Wie wurde ein davongelaufener Mönch in Zürich vom Dichter Salomon Gessner und von Herrn Pfarrer Lavater empfangen?

Der Untertitel zu diesen Erinnerungen «aus der empfindsamen Zeit» ist insofern gut getroffen, als die Anfänge dieser Biografie tatsächlich in der Zeit liegen, da junge Leute Idyllen von Salomon Gessner lasen, sich auf die von Michael Denis gesammelten deutschen Gedichte stürzten, selber Fabeln und Schäferspiele zu dichten versuchten und einander in Liebesnöten unendlich keusche Gefühle gestanden. Wie Bronner dann in den elsässischen Pinten unter eine jakobinische Soldateska gerät und die Derbheit republikanischer Magistraten am eigenen Leib erfährt, ist es mit dieser Empfindsamkeit rasch vorbei. Anhand seines Textes lässt sich der ungeheure Wertewandel, den die Französische Revolution verursachte, Schritt für Schritt verfolgen. Franz Xaver Bronner als ein Kind vieler Epochen macht sich ihn zu eigen und wird in seiner zweiten Lebenshälfte zu einem voll integrierten Schweizer.

Lesenswert:
Franz Xaver Bronner,
Ein Mönchsleben aus der empfindsamen Zeit,
von ihm selbst erzählt,
1912.

44. Der sanfte Pestalozzi

Der Basler Ordinarius für deutsche Literatur, Walter Muschg, sagte 1946: «Von Pestalozzi will man nichts hören. Diesen Namen haben die Pädagogen in Verruf gebracht, wir sind seiner überdrüssig. Unzählige Institutionen tragen ihn: Schulhäuser, Strassentafeln, gemeinnützige Gesellschaften und wohltätige Stiftungen, zu schweigen von den Briefmarken und Banknoten, die den Kopf dieses Schulmeisterheiligen zum Fetisch gemacht haben.»

Wer von uns hat noch Pestalozzi gelesen? Vielleicht «Lienhard und Gertrud»? Sicher knüpft die Erinnerung an Pestalozzi weniger an Texten als an Bildern an, an diesem zerfurchten Gesicht mit dem wirren Haar und der stark ausgeprägten Nase. Albert Anker, ein paar Jahre nach Pestalozzis Tod geboren, malte ihn als den sanften Vater der Waisenkinder von Stans.

Nach der freiwilligen Revolutionierung Basels, nach dem Fall von Freiburg, Solothurn und Bern, nach der Ausrufung der Helvetischen Republik in Aarau im Frühjahr 1798 waren die innerschweizerischen Kantone noch nicht bereit, dem französischen Druck zu folgen und die neue Staatsform der einen und unteilbaren Republik anzunehmen. Besonders deutlich formierte sich der Widerstand in Nidwalden, während andere Kantone der Zentralschweiz, Luzern allen voran, die Helvetische Verfassung angenommen hatten. Um die 1500 Mann konnte Nidwalden ins Feld und hinter eine eiligst gebaute Letzimauer stellen; der in Helvetien kommandierende französische General Schauenburg befehligte

Heinrich Pestalozzi 1746 – 1827
Bildersammlung Universitätsbibliothek Basel

rund achtmal so viele Soldaten. Die Entscheidung fiel am 9. September 1798. Durch den äusserst heftigen Widerstand der Nidwaldner gereizt und durch die vielen gefallenen Kameraden erbittert, plünderten die Franzosen Stans nach der Einnahme und brandschatzten es. Frauen wurden vergewaltigt, Kinder und alte Leute hemmungslos erschlagen. Der Schrecken über die Vorkommnisse verbreitet sich in der ganzen Schweiz. Heinrich Zschokke, damals noch nicht 30 Jahre alt, wurde Regierungskommissär in den Waldstätten und sprach von einem Volk, «dessen Aufruhr, dessen Kampf und Unglück ... nicht nur der Schweiz, sondern dem gesitteten Europa, einen Schrei des Entsetzens und Mitleids erpresst hatte». Offenbar auf Betreiben von Lukas Legrand, des Baslers im helvetischen Direktorium, wurde Pestalozzi nach Stans geschickt, um ein Armenhaus «zur unentgeltlichen Verpflichtung und Erziehung dürftiger Kinder beiderlei Geschlechts» einzurichten.

Dieses eher kurze Zwischenspiel im Leben Pestalozzis hat die Erinnerung an ihn entscheidend geprägt. Aber wer war es eigentlich, der da nach Stans verpflichtet wurde? Zschokke schrieb: «Schade, dass dieser ächte Mensch so wenig dem übrigen Menschentross, von aussen, ähnlich ist; nicht, zierlich und manierlich, Rock und Haar und Bart, wie Andre trägt.» Und auf welcher politischen Seite stand Pestalozzi? Sein jüngster Biograph, der Zürcher Historiker Peter Stadler, quält sich mit der Antwort auf diese Frage. Originalton Pestalozzi, als die Schweiz mit Frankreich eine Militärallianz abschloss: «Juble Vaterland, die Wolken des Irrthums sind zerstreut, deine Kraft ist erneuert; Frankreich nimmt dich mit schwesterlichem Gleichheitsgefühl in seinen Arm.» Über die Nidwaldner nach der Brandschatzung von Stans:

«Die Unglücklichen, die das Opfer dieses Krieges geworden, sind im Ganzen und Allgemeinen nicht unschuldig an ihrem Verderben, sie sind im Ganzen und Allgemeinen Aufrührer...» Und zu den Soldaten, die die gedemütigte Schweiz Frankreich zu stellen versprechen musste: «Bürger! Ihr gehet jetzt nicht mehr hin, das Blut für Könige zu versprützen; und wenn einer von Euch auf dem Feld der Ehre stirbt, so stirbt er nicht mehr für den feilen Sold der Fürsten, er stirbt für sein Vaterland!»

Es war schon so: Der bereits über 50 Jahre alte Pestalozzi agitierte und schrieb für die damalige Helvetische Republik, sowohl im direkten Auftrag der neuen Behörden als auch aus innerer Überzeugung, in einer Heftigkeit, die sogar bei den Ministern und Direktoren dieses neuen Staates selten war. Das ist hier nicht niedergeschrieben, um das Bild des «sanften» Pestalozzi mit grellen Tönen zu verschärfen; es will nur, fast 200 Jahre später, noch einmal klar machen, mit welcher Entschiedenheit die Schicksalsjahre 1798/9 auch tief religiöse, hochgebildete und überdies dem Kreis der regimentsfähigen Familien angehörige Menschen zu politischen Stellungnahmen drängten, mit denen die Geschichtsschreibung schon 100 Jahre später und noch heute ihre Mühe hat.

Lesenswert:
Peter Stadler,
Pestalozzi, Geschichtliche Biographie,
1993.

45. Revolution oder Staatsumwälzung?

Revolution ist, wenn das Volk, die Leute oder ein Teil von ihnen, die bestehende politische Ordnung abräumen, um eine neue einzurichten. Wenn aber von aussen nicht nur politische, sondern auch militärische Kräfte, zum Teil mit der Unterstützung von Leuten aus dem Land selber, eine bestehende Ordnung aus den Fugen heben, kann von Revolution nicht gut die Rede sein, eher spricht man von einer Staatsumwälzung. Was geschah 1798 in der Schweiz?

Die Antwort ist nicht eindeutig. Schon der Begriff Schweiz, der ein einheitliches Land in einem definierten Territorium suggeriert, deckt die damalige Realität des komplexen Staatsgefüges der Eidgenossenschaft schlecht ab. Genf gehörte nicht zur Schweiz, Neuenburg nicht, Graubünden war ein eigenes Staatsgefüge, zwar zugewandter Ort wie das Wallis, aber sehr auf Eigenständigkeit bedacht. Das Fricktal war österreichisch, dafür zählten Mülhausen und Rottweil formell zu den Eidgenossen, doch der Landesherr im Jura, der Fürstbischof von Basel, gerade nicht. Die Eidgenossenschaft war kein Staat, sondern ein fast nicht mehr durchschaubares Bündnissystem, in den Worten Montesquieus eine république fédérative ohne oberste Magistraten, dafür mit drei Vororten Zürich, Bern und Luzern.

Die einzelnen Glieder dieses Staatenbundes waren souverän, das heisst sie konnten ihre inneren Verhältnisse nach eigenem Gutdünken einrichten. Aber diese Souveränität war von einem Geflecht überkommener feudaler Rechtsverhältnisse durchwoben, die sie im Gerichtswesen, in den

Grundlasten (Zinsen und Zehntenabgaben) an allen Ecken und Enden überlagerte. Der Staat, repräsentiert durch die einzelnen Bündnispartner, war kein rational durchschaubares Gebäude mit allgemein verbindlichen Normen. So gab es zum Beispiel keine durchgehende und gleichmässige Steuerpflicht, nicht einmal innerhalb einer gemeinsamen Herrschaft wie etwa dem Thurgau.

Seit der Mitte des 18. Jahrhunderts wurde der Ruf nach Reformen immer lauter. Sie galten so gut wie allen Bereichen, dem Schul-, Armen-, Gesundheits- und Gerichtswesen, vor allem der Landwirtschaft. Man kann sich heute schwer vorstellen, dass Zehntherren, also die Empfänger einer ertragsabhängigen Steuer, sich damals gegen neue Bebauungsmethoden wie den Kartoffelanbau wehrten, weil die Zehnten hier anders berechnet werden mussten.

Der Reformstau in der ganzen Schweiz war unübersehbar. Zugleich war den aufgeklärten Eliten im Bürgertum und in der Kaufmannschaft klar, dass das bestehende Staatsgebäude solche Reformen nicht bewältigen konnte, vor allem nicht in seinen Strukturen. Der amerikanische Verfassungsstaat und dann das revolutionäre Frankreich mit der Aufhebung der Grundlasten und neuen Verfassungen machten eine ganz andere Art von Staat überhaupt erst sichtbar – das war die grosse Faszination gerade auch für die gebildeten Leute.

Die Helvetik begann nicht mit Volksaufständen; freilich gab es Unruhen im St. Galler Fürstenland, in Stäfa, bei den bernischen Untertanen in der Waadt. Die Helvetik wurde nicht nur in Paris beschlossen und dann in Form einer Verfassung auf der Spitze französischer Bajonette importiert. Die Helvetik entsprach mit ihrem völlig andersartigen

Staatsverständnis und der ersten, für das ganze Gebiet der Eidgenossenschaft gültigen Verfassung nicht nur dem politischen Konzept eines aufgeklärten Bürgertums. Sie war auch keine blosse Unabhängigkeitserklärung der Waadtländer, Aargauer, Thurgauer, Toggenburger, Tessiner. Sie war das alles zusammen. Sie war ein vieldimensionales Ereignis, gespeist aus den widersprüchlichsten Motiven. Ihre Tragik – falls einer Epoche eine Tragik innewohnen kann – lag darin, dass die im lautersten Sinn revolutionären Prozesse von der französischen Okkupation, von bürgerkriegsähnlichen Zuständen und dem Kampf zwischen europäischen Mächten überlagert wurden.

Scheiterte daran die Helvetik? Neuere Untersuchungen belegen, dass die Frage der Bodenzinsen und Zehnten der eigentliche Kernpunkt des innenpolitischen Misslingens war. Die Helvetik hob erst die Feudallasten auf, Schulen, Pfarrer und die Fürsorge verloren ihre Einnahmen. Die Helvetische Republik musste auf diesen Entscheid zurückkommen und die Grundlasten nur noch für ablösbar erklären. Damit verlor sie das Zutrauen der Bauernschaft. Die Zeit war für eine Wandlung reif geworden, aber die Helvetik kam zu früh, und sie kam in der Rüstung des Mars statt im Mantel der Athene. Eine Revolution hätte sie sein wollen, eine Staatsumwälzung fand statt.

Lesenswert:
Jakob Stark,
Zehnten statt Steuern,
1993.

46. Wie macht man eine Post?

Brachte die Zeit der Helvetik (1798–1803) nichts weiter als einen auf französischen Druck eingerichteten Vasallenstaat mit einer Regierung, deren Vorbild das Pariser Direktorium von 1795 war? Oder stellte sie den ersten Entwurf eines modernen Staates mit durchaus eigenständigen Vorstellungen auf dem Boden der alten Eidgenossenschaft dar?

Schauen wir uns einmal die Post an. Wie reisten vor der Revolution Briefe, Waren und Personen zum Beispiel von Bern nach Basel? Mit Postboten zu Fuss, auf dem Pferd oder mit den Kutschen der Post. Aber mit welcher Post? Hier finden wir zwei verschiedene Grundtypen oder Systeme, die auf die Standes- oder Kaufmannsboten der vorausgegangenen Jahrhunderte zurückgehen. In Basel etwa, einer ausgeprägten Handelsstadt, überliess der Staat 1682 die Verwaltung des Postwesens dem Direktorium der Kaufmannschaft; in Bern dagegen, einem mehr politisch und militärisch organisierten Staatswesen, wurde 1675 mit Ratsherr Beat Fischer von Reichenbach ein Postpächter berufen, der im ganzen Gebiet des Standes Bern die Post betrieb und die amtlichen Briefe portofrei zu befördern hatte. Die kaufmännischen Posten standen in Konkurrenz mit den Postpächtern. Für grosse Linien, etwa über den Gotthard, herrschte ein eigentlicher Kampf zwischen den kaufmännischen Direktorien von Basel und Zürich und der Fischerschen Post; Nebenlinien wurden zum Teil von Unterakkordanten wie den zu den Märkten fahrenden Metzgern betrieben. Für die Postbenützer waren die Tarife hoch, das Porto musste der Empfänger zahlen, und bernische Postmeister scheuten sich nicht, verdächtige Briefe jederzeit zu öffnen, um ihrer Obrigkeit Hinweise zu geben.

Am 14. März 1798, nach Ausrufung der Helvetischen Republik, legte der neue Finanzminister Hans Konrad Finsler ein Gutachten über den Stand des schweizerischen Postwesens vor. Das Postwesen betrachtete er unter dem Kriterium der Nützlichkeit für das Volk und als eine willkommene Einnahmequelle für den Staat. Auf jeden Fall mussten sofort alle Postprivilegien, Verträge und Partikularunternehmungen abgeschafft werden, da der Staat alleiniger Eigentümer aller Posten sei. Eine Kommission wurde eingesetzt, die fachlich weit überfordert war, da in den Kantonen, die bisher über keine Post verfügt hatten, neue private Postdienste eingerichtet worden waren in der Hoffnung, diese nachher dem Staat verkaufen zu können. Organisatorisch standen zwei Modelle zur Verfügung: Verpachtung des Postregals in der ganzen Schweiz an einen Unternehmer oder eine Unternehmergruppe (was Finsler für die Anfangszeit aus ökonomischen Überlegungen befürwortete) oder ein eigener Regiebetrieb (was der helvetische Grosse Rat beschloss). In der Folge wurden fünf Postkreise Basel, Zürich, St. Gallen, Bern und Schaffhausen eingerichtet, die zentrale Verwaltung kam nach Luzern. Der bernische Postdienst, der auch die ganze Westschweiz umfasste, war so überlegen organisiert, dass die Familie Fischer praktisch nicht aus ihrer Pacht verdrängt werden konnte. Schaffhausen auf der anderen Seite war mit der Reichspost der Fürsten von Thurn und Taxis so eng verbunden, dass dort die helvetische Verwaltung nicht zum Zug kam – ganz abgesehen davon, dass schon 1799 die Ostschweiz zum Kriegsschauplatz geworden war.

Welche Verbesserungen brachte das helvetische Postwesen? Es richtete regelmässige Kurse ein, für den Brief-, Waren- und Personentransport, Nationaldiligencen (Eilkutschen), Nationalmessagerien (Landkutschen), Fourgons (Warenwagen) und Kuriere (reitende Boten) über das ganze Land. Es übernahm den Zeitungsvertrieb, zum Teil sogar das Abonnentenwesen, in der ausdrücklichen Absicht, die Aufklärung des Publikums zu fördern, und setzte für (die ihm genehmen) Zeitungen niedrigere Tarife fest. Es führte einheitliche Taxen ein und regelte das Problem der Portofreiheit für amtliche Post. Es vereinheitlichte die Anstellung der Postbeamten, Briefträger und Fuhrleute nach Lohnklassen. 1801 wurde erstmals ein eigentliches Postgesetz ausgearbeitet, das in den Parteikämpfen der Zentralisten und Föderalisten unterging.

In der von Napoleon 1803 mediatisierten Schweiz wurde die Post wieder Kantonssache. Erst 1848 wagte man, an die Ideen der Helvetik anzuknüpfen und errichtete das schweizerische Postwesen auf den damals entworfenen Grundlagen, die zum Teil noch heute gelten. Die Helvetische Republik scheiterte zwar, aber in der Organisation des Postwesens war sie ihrer Zeit gute 50 Jahre voraus.

Lesenswert:
Fritz Grieder,
Das Postwesen im helvetischen
Einheitsstaat (1798-1803),
1940.

47. Plötzlich gab es Schweizerfranken

Das Wort Franken als Bezeichnung einer Münze stammt aus Frankreich und aus dem 13. Jahrhundet, als König Philipp eine Goldmünze mit seinem Titel «Rex francorum», also König der Franken, prägte. Zwischen 1757 und 1779 existierten in Bern, Solothurn, Basel und Luzern Franken zu zehn Batzen, die man Franken nannte, obwohl sie diese Benennung nicht auf dem Geldstück selber trugen. Schweizerische Kaufleute aber begannen schon, in Schweizerfranken zu rechnen.

Vor der Revolution war die gebräuchlichste Rechnungseinheit in Frankreich die Livre tournois, der aber keine in diesem Wert ausgeprägten Geldstücke entsprachen. Mit dem Zusammenbruch des französischen Papiergeldes, den sogenannten, noch auf Livres tournois ausgestellten Assignaten, wurde nach 1795 eine neue, jetzt endgültig auf Franken lautende Währung eingeführt. Sie war nach dem Dezimalsystem gegliedert, 1 Franken zählte 100 centimes oder 20 sous. In der Schweiz zirkulierten Münzen der verschiedenen Stände, vorwiegend sogenannte Scheidemünzen, also unterwertig ausgeprägtes Kleingeld; für die Ausprägung von Silber- und Goldmünzen schlossen sich einzelne Stände auch zu Konkordaten zusammen. Die Anzahl der Münzen und ihre Namen waren äusserst vielfältig, es gab Dublonen, Dukaten, Gulden, alles Goldmünzen; Doppeltaler, Taler, halbe, drittel und viertel Taler aus Silber; danach Batzen, Assis, Kreuzer, Rappen und Heller, die je nach Kanton noch ganz andere Namen führten. Der eigentliche Geldumlauf, besonders im Kurantgeld aus Edelmetall, bestand mehrheitlich aus Geld ausländischer Prägung, und wer Bargeld hortete, tat dies am liebsten in Louisdors.

Als die Schweiz 1798 revolutioniert wurde, war der Zerfall der französischen Assignatenwährung schon Vergangenheit. Nach französischem Vorbild entstand jetzt ein neuer Staat, ein Staat übrigens, der zum ersten Mal in seiner Geschichte eine einheitliche Staatsrechnung vorlegen wollte. Die Verfassung der Helvetischen Republik sprach sich über das Geldwesen noch nicht verbindlich aus, aber einzelne Verfassungsartikel machten klar, dass die Geldhoheit bei der Zentralbehörde lag. Am 17. März 1799 beschlossen die Räte ausdrücklich, dass das Münzrecht einzig dem Staat zustehen solle, dass er als Münzeinheit den Schweizerfranken, unterteilt in 10 Batzen zu 10 Rappen und ausgeprägt in Stücken zu 4, 2, 1 und 1/2 Franken, als Scheidemünzen zu 20, 10, 5, 2 und 1 Rappen, herausgeben sollte. In Gold sollten Dublonen im Wert von 16, Doppeldublonen im Wert von 32 Franken geprägt werden. Gegenüber Frankreich war der Wert dieses Schweizerfrankens um 50 Prozent höher, 4 Schweizerfranken entsprachen 6 Franzosenfranken.

Dass dies ein Vorsatz war, dem die Tat auf gleichem Fuss nicht folgen wollte, ersieht man daran, dass die neue Verfassung der Helvetischen Republik vom 5. Juli 1800 in Artikel 6 noch einmal ausdrücklich verlangte, gleicher Geldkurs solle in der ganzen Schweiz eingeführt werden. Es war aber schon klar geworden, an was die Sache scheitern musste: Das Land war praktisch von Frankreich ausgeplündert, die Edelmetalle hatten die französischen Generäle weggeführt, die Kontributionen hatten weitere Geldbestände zum Verschwinden gebracht, das helvetische Geld wurde von der Bevölkerung nicht akzeptiert. Dazu kam, dass für den effektiven Geldbedarf viel zuwenig Münzen geprägt wurden. Das helvetische Geld belief sich in den goldenen 1- und 2-Dublonenstücken auf die Summe von Fr. 271 216.–, für silberne 4-, 2- und 1-Frankenstücke auf blosse Fr. 188 785.–. In der Ausprägung von unterwertigen Scheidemünzen hingegen war die Helvetik ungewöhnlich aktiv; sie liess Scheidegeld für mehr als eine halbe Million Schweizerfranken ausprägen. Aber die Helvetik schaffte es nicht, die alten Münzen einzuziehen, somit blieb eine unkontrollierte Masse von altem kantonalem Geld im Umlauf.

Nach der Auflösung der Helvetischen Republik trachteten die Kantone ihre frühere Selbständigkeit auch im Münzwesen wiederzuerlangen. Immerhin beschloss die Tagsatzung 1803, dass alle Kantone denselben Münzfuss haben sollten. In Praxis war das nicht viel mehr als ein frommer Wunsch; der kantonale Münzwirrwar nahm sogleich wieder zu. Aber zu den bleibenden Errungenschaften der Helvetik darf gezählt werden, dass damals das noch heute gültige Währungssystem der Schweiz geschaffen wurde. In der Literatur wird das helvetische Geldsystem sogar als vorbildlich bezeichnet, nur sein Silbergehalt ging (in unserem Jahrhundert) wohl endgültig verloren.

Lesenswert:
Kurt Blaum,
Das Geldwesen in der Schweiz seit 1798,
1908.

48. Kriegsliteratur

Was sich in Bosnien in unserer Gegenwart ereignet hat, welche Bevölkerungsgruppen und Religionen einander gegenüberstehen, wo grössere Mächte von aussen einwirken und was für Truppen sich in welchem Auftrag begegnen, ist aus Distanz nicht auszumachen. Unvorstellbar bleibt, dass ähnliche Dinge auch bei uns passieren könnten.

Vor 200 Jahren war das nicht so. Die damalige Schweiz war nicht nur politisch zerstückelt, sondern auch konfessionell tief gespalten. Sie erlebte zudem eine sowohl politische wie ideologische Polarisierung in Anhänger des alten Regimentes und in solche, die den neuen Verfassungsstaat heimlich oder lauthals begrüssten. Nicht genug damit: Aus dem Waadtland und über den Jura stiessen französische Truppen vor, aus dem Osten kam ein österreichisches Heer über den Rhein, mit dem sich aus Oberitalien kommende russische Soldaten unter Suworow vereinigen sollten. Die kantonalen Milizen der Schweiz standen zudem unter Befehlshabern, die sich zum Teil der neuen Republik, zum Teil den alten Standesregierungen verpflichtet fühlten, und um das Mass vollzumachen, hob die Helvetische Republik ihrerseits eine Legion und Nationalgarden aus. Gegen wen oder mit wem es die Schweizer von 1799 halten sollten, war so schwer zu sagen wie jüngst im Fall von Bosnien.

Die Schweiz war nicht nur Kriegsschauplatz für die fremden Mächte Frankreich (unter General Masséna) und Österreich (unter Erzherzog Karl), unterstützt von russischen Truppenkontingenten (unter Korsakow, dem Suworow zu Hilfe kommen wollte), sie war auch ständig am Rand eines echten Bürgerkrieges, der nur durch die schwankenden militärischen Verhältnisse der grossen Mächte nicht zum Ausbruch kam. Die Front verlief vom Bodensee bis zur Limmat, von der Innerschweiz bis in die bündnerischen Rheintäler.

Heinrich Zschokke, unterdessen helvetischer Statthalter in der Innerschweiz, musste amtlich Kontakt zu den einzelnen französischen Kommandanten halten und begab sich im August 1799 vor Ort. «Alles glich im Gebiet der Schwyzer einem ungeheuren Schlachtfeld, auf welchem politische Umwälzungen, mörderische Aufstände und eine Reihe blutiger Gefechte oder Treffen, Spuren ihrer verwüsterischen Gewalt hinterlassen hatten.» Beim französischen General Molitor präsentierte er sich in der helvetischen Amtstracht mit der grün-rot-goldenen Schärpe. Vorher hatte er schon die Bekanntschaft mit den Generälen Lecourbe und Loison gemacht – er gestand in seiner «Selbstschau» offen, dass er gern auch eine militärische Funktion, «eine Feldherren-Rolle» gespielt hätte.

In unserer Gegenwart so gut wie vergessen ist die literarische Aufarbeitung der damaligen Kriegsereignisse in der Schweiz. Zschokke selber schrieb eine seiner längsten Erzählungen mit dem Titel «Die Rose von Disentis», wobei diese Rose sowohl eine Person wie ein Rosenblatt in einem Medaillon meint. Diese Liebesgeschichte, mit einem selbstverständlich glücklichen Ausgang zwischen zwei edlen Menschen, ist, von heute aus gesehen, der am wenigsten spannende Teil der Erzählung; dagegen sind die Schilderungen des französischen Vorrückens gegen die auf Unabhängigkeit bedachten und darum österreichisch gesinnten Vor-

Heinrich Zschokke 1771 – 1848
Privatbesitz Basel

derrheintaler von einer überraschenden Eindrücklichkeit. Die Zerstörung des Klosters Disentis am 6. Mai 1799 ist das grosse Ereignis: «Mitten in das Getümmel und Zetermordio fuhr ein Donnerschlag, der die Ohren betäubte, und schwarzer Qualm wälzte sich hoch auf, worin dunkelrothe Flammenstrahlen zuckten. Und Feuer loderte drunter, als spie es die Erde von sich aus; und über den schwarzen Rauchschwall regnete es Feuer vom Himmel herab. Das Kloster war fast zur Hälfte in die Luft geflogen, und flackerte lichterloh, und die Flammen reckten und leckten zu den Thürmen auf, dass die Glocken zerschmolzen.»

In der männlichen Hauptfigur, einem flotten jungen Graubündner, der die Franzosen vom Oberalp her begleitet, darf man autobiografische Züge von Zschokke selber erkennen; erstaunlich ist, wie er seine Sympathien sowohl den namentlich genannten französischen Generälen wie auch den störrischen Bündner Bauern zukommen lässt.

Plötzlich wird verständlich, warum der Wahlschweizer Zschokke am Ende des ersten Drittels im 19. Jahrhundert einer der meistgelesenen Autoren nicht nur der Schweiz, sondern im ganzen deutschen Sprachraum wurde, und dass schon bestandene Leute diese Literatur, die ihrer eigenen und wahrhaftig tumultuösen Vergangenheit galt, damals mit heissen oder auch nassen Augen verschlangen.

Lesenswert:
Heinrich Zschokke,
Die Rose von Disentis,
zehnte Ausgabe,
1857.

49. Ein Bundesrat entwischt der Polizei

Die sieben Bundesräte von heute sind eigentlich die Nachfolger der fünf Direktoren der Helvetischen Republik. Sie werden auch so gewählt: einzeln, namentlich, auf beschränkte Zeit, ohne Departementszuteilung, durch die beiden Parlamente, also nicht vom Volk.

Die interessantesten helvetischen Direktoren der ersten Zeit waren sicher Peter Ochs (1752–1821) und Frédéric César de La Harpe (1754–1838), auch Laharpe geschrieben. Beide wurden im Juni 1798 auf französichen Druck gewählt, Laharpe zwang Ochs ein Jahr später zum Rücktritt, aber am 7. Januar 1800 sah er sich selber durch eine republikanische Parlamentsmehrheit gestürzt, die ihn – nicht ganz zu Unrecht – diktatorischer Gelüste nach dem Vorbild Bonapartes verdächtigte, der seit dem 9. November 1799 den Titel eines Ersten Konsuls trug. Laharpe musste Bern verlassen, zog sich nach Lausanne zurück. Die noch nicht zensurierte Presse fiel heftig über ihn her.

Laharpe war entschlossen, nach seiner formellen Entlassung als helvetischer Direktor nach Paris zu übersiedeln, als man ihn durch einen fingierten Brief zu kompromittieren versuchte. Er entschloss sich zur sofortigen Abreise, wollte aber vorher unter den bei seiner Mutter deponierten Akten die heikelsten sicherstellen. Aber die Agenten des waadtländischen Statthalters kamen ihm zuvor und hatten Briefe an die russischen Grossfürsten – Laharpe war ihr Lehrer gewesen – sowie sein eigenes Entlassungsbegehren beschlagnahmt, das so formuliert war, dass es auch zu seiner Wiedereinsetzung hätte dienlich sein können. Er wurde am 2. Juli 1800 im Namen der Helvetischen Republik verhaftet, um nach Bern in die Hauptstadt gebracht zu werden, Abfahrt in Lausanne nachmittags vier Uhr.

Die Bevölkerung von Lausanne war bewegt, ging auf die Strasse, schaute dem Abtransport schweigend zu. Die führende Gestalt für den Abfall der Waadt von Bern, der Befürworter des französischen Einmarsches in die Waadt, auf dem Weg in ein Berner Untersuchungsgefängnis? Zwei Offiziere sassen mit Laharpe in der Kutsche, zwei Unteroffiziere waren hinten aufgestiegen, vier berittene Husaren bewachten die Türen. Die Offiziere im Innern waren verlegen, der Leutnant Wéber anerbot sich, Dokumente unter der Hand an Laharpes Gattin zurückzubringen. Laharpe lehnte ab.

In Moudon war Markttag. Die Leute wussten bereits, dass Laharpe vorbeikommen würde. Beim Einfahren der Kutsche riefen sie Vive Laharpe! Laharpe antwortete ihnen: Bitte keinen Lärm. Vive la république! Vive la justice! Den Militärs wurde es noch ungemütlicher. Dann kam die Nacht. Vielleicht waren die Offiziere schon halb eingeschlummert, nicht aber die mitreitenden Husaren.

In Payerne mussten die Pferde gewechselt werden. Das geschah beim Wirtshaus de l'Olivier, in dem Laharpe schon früher einmal übernachtet hatte. Er traf einen alten Bekannten, mit dem er kurz verabreden konnte, dass er ihn nach Estavayer führen würde. Vor dem Zimmer Laharpes lief eine Schildwache auf und ab. Laharpe musste den Moment erwischen, wo sie von ihm weg auf das Ende des Korridors zuschritt, um in die andere Richtung zu entwischen. Der Bekannte erwartete ihn beim hinteren Ausgang, in zwei Stun-

Frédéric César de La Harpe 1754 – 1838
Musée historique de Lausanne

den etwa – sie hörten noch den Lärm, der nach der Entdeckung der Flucht ausbrach – war Laharpe bei Estavayer, wo er einen Schiffer fand, der ihn über den See führte. Durch das Val de Travers kam er bis an die französische Grenze. Er hatte sich als Handwerksgeselle verkleidet. Die Offiziere vom Stab des Generals Brune in Dijon wunderten sich nicht schlecht, dass ihr Chef einen Handwerksgesellen mit allen Formalitäten empfing. Brune gab Laharpe 40 Louisdor, eine Kutsche nach Paris und diverse Empfehlungsschreiben, eines an Bonaparte. Dieser empfing Laharpe, sie stritten sich über die Qualität helvetischer Scharfschützen. Laharpe beanstandete die Präsenz französischen Militärs in der Schweiz nach der Befreiung von den alten Oligarchen; Bonaparte meinte trocken, sie sei doch ein besiegtes Land.

In den Kantonen Zürich, Bern und Zug wurde Laharpe 1802 als Delegierter zur Konsulta gewählt. Aber er nahm die Wahl nicht an, von Bonaparte wollte er sich nichts mehr sagen lassen. Kurze Zeit ging er wieder nach Russland, wohnte später in der Nähe von Paris, kehrte dann nach Lausanne zurück und wurde Mitglied des Grossen Rates.

In heutiger Terminologie: Ein frischgewählter Bundesrat wird gestürzt, verhaftet, flieht verkleidet vor der Polizei ins Ausland, publiziert, beschäftigt sich mit internationaler Diplomatie, um sich zum Schluss in ein Kantonsparlament wählen zu lassen.

Lesenswert:
Charles Monnard,
Notice biographique sur le Général
Frédéric-César de La Harpe,
1838.

50. Ein Almanach von 1800

Ein Almanach ist ein (häufig bebildertes) Jahrbuch mit einem Kalender. Also beginnt auch dieser in Zürich gedruckte Almanach mit dem Kalender für das Jahr 1800, pro Monat eine Seite.

Und schon taucht die erste Schwierigkeit auf. Es gibt in diesem von Frankreich und seinem Konsul Bonaparte dominierten Europa zwei Kalender: den traditionellen vom 1. Januar bis zum 31. Dezember und den revolutionären, dessen erstes Jahr am 23. September 1792 begann und dessen erster Monat Vendémiaire, der letzte hingegen Thermidor hiess, auf den dann, weil alle Monate nur 30 Tage dauerten, fünf Festtage folgten. Die 1798 etablierte Helvetische Republik, jetzt ein Vasallenstaat Frankreichs, musste sich überlegen, welchen Kalender sie zum ihrigen erklären würde. Einfachste Lösung: Man brachte beide synoptisch, doch mit deutlicher Bevorzugung des traditionellen Kalenders. Sonst hätte man ja nicht einen Almanach für das Jahr 1800 herausbringen können.

Weil man als Gründungsjahr der Eidgenossenschaft noch 1308 annahm, war 1800 also das 493. Jahr seit dem ersten Bund der helvetischen Eidgenossen. Es war – so wird es aufgelistet – das 24. seit der amerikanischen Unabhängigkeitserklärung, das 12. seit der Deklaration der Menschenrechte, das 9. seit der Stiftung der Französischen Republik und das 3. «seit Vereinigung des ganzen Helvetiens zu einer Einen und untheilbaren Republik».

Das liest sich sehr selbstsicher, aber nun folgt nach den

Kalenderblättern für 1800 eine sich über viele Seiten hinziehende Chronik des Jahres 1799. Sie gibt schonungslos Auskunft über den tatsächlichen Stand des noch nicht zwei Jahre alten helvetischen Staates: radikale Salärkürzungen für Behördenmitglieder, französische Kontributionen, Einführung der Todesstrafe für «contre-revolutionaire» Bewegungen, Unterdrückung lokaler Aufstände, Dislokation der Regierung von Luzern nach Bern. Dann berichtet sie über den Einmarsch österreichischer Truppen, die Kämpfe zwischen ihnen und den Franzosen in der Innerschweiz, in Graubünden, im Raum Ostschweiz – es ist fast ein Rätsel, wie im zwischenzeitlich von den Österreichern zurückeroberten Zürich, nach der erneuten Einnahme durch die Franzosen und dem Auftauchen russischer Truppen, überhaupt ein so beschauliches Druckwerk herausgegeben werden konnte. Ein Verdacht kommt auf: dass die Leute damals die radikalste Staatsumwälzung fast surreal erlebten, als einen unwirklichen Spuk, den man einfach über sich ergehen lassen musste.

Dagegen half die Erinnerung an bessere Zeiten. Denn im Almanach folgen auf die Chronik zuerst vier historische Texte aus dem 15. und 16. Jahrhundert, Reiseberichte von Giovanni Francesco Poggio, Montaigne und Benvenuto Cellini (offensichtlich angeregt durch Goethe), also Texte, die eine lang zurückliegende, vorrevolutionäre Zeit mit einer demokratischen Schweiz sichtbar machen.

Ferner findet sich in diesem Almanach eine Abhandlung über die alte Republik Gersau, den mit den eidgenössischen Urkantonen verbündeten selbständigen Miniaturstaat und seine Wirtschaft. Für die damalige Leserschaft hat sie wohl nicht anders als paradigmatisch für den Kleinstaat

Helvetien neben dem mächtigen Frankreich verstanden werden können. Der grössere Beitrag am Schluss befasst sich mit einer Kunstausstellung in Zürich, vielleicht sogar der ersten mit einem gesamteidgenössischen Anspruch. Sie wird sozusagen als Beleg für eine neu entstehende nationale Identität verstanden – «zu einer Zeit der grössten Unruhe und Gefahr... und (da) Alles in der höchsten Bewegung und Spannung sich befand».

Die neue Mode, Drucksachen mit einer Vignette von Tell und seinem Sohn zu schmücken, wird in dieser Kritik verspottet, aber genau diese Vignette (nach einem Entwurf von Marquard Wocher) findet sich selber auf dem Titelblatt des Almanachs. Und was die Bilder anbelangt: Es sind die Nidwaldnerinnen und Nidwaldner in ihren Trachten, die 1798 und 1799 Widerstand leisteten; als Karte ist dem Almanach ein Grundriss der Stadt Zürich und der umliegenden Gegend beigefügt – die geneigten Leser sahen den wichtigsten aktuellen Kriegsschauplatz des Jahres 1799.

Eines aber fehlte: Der Übergang vom 18. ins 19. Jahrhundert wird mit keinem Wort erwähnt, keine Fanfarenstösse, kein geistiges Feuerwerk. Das tatsächliche Geschehen – Ausbruch des Zweiten Koalitionskrieges, die Anfänge einer Staatskrise in der Schweiz – liess den Herausgebern keine Musse, programmatisch in die Zukunft zu blicken!

Lesenswert:
Helvetischer Almanach für das Jahr 1800,
herausgegeben von Johann Heinrich Füssli,
Nachdruck der Edition Leipzig (DDR),
1983.

51. Aufarbeitung der jüngsten Vergangenheit

Ja, die Schweiz ist 1798 zum Spielball Frankreichs geworden. Ja, sie versagte militärisch auf fast lächerliche Weise. Ja, sie wurde ausgeplündert und bestohlen. Ja, sie war reif für den Untergang.

Damit ein ganzes Volk oder dessen öffentliche Meinung zu solchen Erkenntnissen kommt, braucht es Zeit. Wir erleben es gerade jetzt, wie die Aufarbeitung des Zusammenbruchs der DDR, der schon ein paar Jahre zurückliegt, die deutsche Publizistik noch immer beschäftigt und weiter beschäftigen wird. Bis Akten, Memoiren und Tagebücher über das Geschehen im Hintergrund der sichtbaren Ereignisse Auskunft geben können, verstreichen Jahre. Und es braucht die sichtende und ordnende Arbeit historisch interessierter Autoren.

Ein solcher war Joseph Anton Balthasar (1761–1837), der zur Zeit der Staatsumwälzung Bureauchef des helvetischen Grossen Rates war, dann Bibliothekar der Kantonsbibliothek in Aarau und später der Bürgerbibliothek Luzern wurde. Luzerner Grossrat wurde er 1824, Kleinrat 1826; im gleichen Jahr begann er auch eine Publikationsreihe mit dem Titel «Helvetia» für politische und historische Denkwürdigkeiten. Sie sollte dieser Aufarbeitung der jüngsten, aber auch der älteren Vergangenheit der Schweiz dienen.

Im ersten Heft des Jahrgangs 1826 publizierte Balthasar einen aus dem Französischen übersetzten Text mit dem Titel «Die Revolution der Schweiz im Jahr 1798». Sie lag damals

28 Jahre zurück, also eine gute Generation. Viel war über dieses Schicksalsjahr der Eidgenossenschaft schon publiziert worden, was aber an diesem Text elektrisierend wirken musste, war der Name des (unterdessen verstorbenen) Verfassers: Napoleon. Es handelte sich, wie Balthasar in der Einleitung vermerkte, um eine Übersetzung aus dem Band VI. der auf St. Helena redigierten Memoiren des einstigen Franzosenkaisers, 1825 in Paris publiziert.

Napoleons Blick – besser Rückblick – auf die Ereignisse in der Schweiz war von fast verächtlicher Kühle; merkwürdig ist auch, welche Einzelheiten er unterschlug. Dass er im November 1797 selber von Lausanne über Solothurn, Liestal und Basel durch die Schweiz gereist war und sich mit dem Oberstzunftmeister Peter Ochs und dem Bürgermeister Peter Burckhardt in Basel besprochen hatte, bleibt unerwähnt. Kein Wort davon, dass er von Ochs am 8. Dezember 1797 in Paris in der gemeinsamen Besprechung mit Direktor Reubell die Redaktion einer Verfassung für einen helvetischen Einheitsstaat verlangt hatte. Nein, an der Revolutionierung der Schweiz war jetzt nur das damalige Direktorium schuld, seine Motive waren schmählich: «Der andere Grund wirkte wenigstens eben so stark auf seine Beschlüsse, nämlich: die Millionen von Bern, nach denen es lüstern war.»

Er, Napoleon, gibt er zu verstehen, hätte den Fall Schweiz ganz anders behandelt; er hätte sich mit dem Berner Schultheissen von Steiger zusammengesetzt und ihm beigebracht, aus der Waadt einen eigenen Kanton zu bilden. Talleyrand (den Napoleon immer wieder gebraucht, aber zugleich beschimpft hatte) sei durch Geheimverhandlungen mit den Waadtländern und Baslern am Zusammenbruch der alten Schweiz schuld gewesen. Für den Widerstand der

Berner und Innerschweizer war Napoleon geradezu von Bewunderung erfüllt, auch wenn er militärisch einiges auszusetzen hatte; für die französischen Raubzüge auf schweizerische Kassen war er voller Verachtung.

Im zweiten Heft von 1826 publizierte Balthasar die Erinnerungen eines E. L. Hanet-Cléry, ebenfalls 1825 in Paris herausgegeben. Hanet-Cléry hatte den Auftrag gehabt, französische Truppen zu verpflegen, besonders mit Fleisch. Er wurde mit den entsprechenden Aufgaben in der Schweiz betraut. Nach seiner Darstellung war die Unterwerfung der Schweiz nichts anderes als ein persönlicher Racheakt Reubells wegen eines in Bern verlorenen Prozesses, und dass Rapinat, der berüchtigte Kriegskommissär Frankreichs in der Schweiz, so schamlos Geld zusammenraffen und sich selber bereichern konnte, hing nur damit zusammen, dass Rapinat Reubells Schwager war. Bei Hanet-Cléry erscheint Napoleon in einer ganz anderen Rolle: «Ich sagte schon, dass Bonaparte sich zu Toulon eifrig zum Feldzuge nach Aegypten rüstete; da er aber, um sich einzuschiffen, Geld nöthig hatte, verschaffte man dieses auf Kosten der Schweiz.»

So stellte sich nachträglich der Untergang der alten Eidgenossenschaft als ein mieses, zum Teil geradezu niederträchtiges Geschehen dar.

Lesenswert:
Joseph Anton Balthasar (Hrsg.),
Helvetia, Denkwürdigkeiten für die XXII Freistaaten
der Schweizerischen Eidgenossenschaft,
1826-1828.

52. Unser Dilemma mit der Helvetik

Im Handbuch der Schweizer Geschichte von 1980, also einer modernen Publikation, steht über das alte Bern im Kampf gegen die Franzosen 1798 zu lesen: «Mit seinem Widerstand rettete es die Ehre der Schweiz.» Das ist, aus der Feder von Andreas Staehelin, dem früheren Basler Staatsarchivar, ein Urteil aus heutiger Sicht.

Vor einem Jahrhundert, als sich eine ganze Historiker-Generation mit der 100jährigen Wiederkehr des Untergangs der alten Eidgenossenschaft befasste, dachte man nicht anders, und viele Zeitgenossen der Ereignisse von 1798 dachten ebenfalls so. Berns erfolgreicher Widerstand gegen die Franzosen bei Neuenegg und Berns Niederlage bei Fraubrunnen und im Grauholz am 5. März 1798, wo der schon betagte Schultheiss Niklaus Friedrich von Steiger vergeblich den Soldatentod suchte, wurden als eine Ehrenrettung der Eidgenossenschaft verstanden.

Der alten Eidgenossenschaft ja, aber nicht unbedingt der Schweiz. Denn wie sah sie aus, diese Schweiz von 1798? Genf gehörte nicht zu ihr, Neuenburg nicht, der Jura, also das Fürstbistum Basel, nicht mehr, das Fricktal als ehemals vorderösterreichische Herrschaft nicht, Graubünden, das gerade österreichisch gesinnt war, noch nicht, der Abt von St. Gallen wollte ein Reichsfürst sein, der Thurgau und Aargau, das Tessin und die Waadt waren Untertanenländer, und die Oberwalliser, als Herren über die Unterwalliser, betrachteten sich als bloss zugewandten Ort, das heisst als ein eigenständiges Staatswesen. «Die Schweiz» gab es vor allem als geografischen und sogar touristischen Begriff (Goethes Schweizerreise!), staatsrechtlich war sie ein äusserst heterogenes Gebilde. Bern als grösster und mächtigster Gliedstaat dieser Eidgenossenschaft verstand sich selber als ihr Herzstück, insofern war der Einzug einer französischen Armee in Bern schon eine Art Untergang dieser alten Schweiz.

Und was war denn die neue? Hier beginnen die Schwierigkeiten, die wir heute noch mit dem Jahr 1798 und den Folgejahren haben. Denn der neue Staat Schweiz, der erste moderne Verfassungsstaat unserer neuen Geschichte, mit Gleichberechtigung der Bürger, Gewaltentrennung, allgemeiner Steuerpflicht und einer obersten Landesbehörde, die über eine in der Verfassung definierte ausübende Gewalt verfügte, war weniger das Ergebnis eigener Reformen als die mit militärischen Mitteln durchgesetzte Verfügung des mächtigsten Nachbarn, Frankreich. Mit dessen König hatten sich die früheren eidgenössischen Republiken 1777 noch einmal feierlich verbündet. Inzwischen war er enthauptet worden, die Schweizer Regimenter in französischen Diensten waren teils unter schmählichen Umständen entlassen oder wie im August 1792 in Paris massakriert worden; das noch aus den Zeiten des Dreissigjährigen Krieges stammende gesamteidgenössische Verteidigungsdispositiv versagte kläglich. Die Helvetische Verfassung, mit deren Ausarbeitung sich der Basler Oberstzunftmeister Peter Ochs befassen musste und wollte, wurde schon von den Zeitgenossen als «auf den Spitzen französischer Bajonette präsentiert» bezeichnet. Und doch entsprach sie in vielen Beziehungen (den zentralistischen Staatsaufbau ausgenommen) auch den Vorstellungen, die sich bei den politisch interessierten Schweizern verfestigt hatten.

Das war das Dilemma schon für die Männer von 1798, dann für die ersten bedeutenden Historiker dieser Periode aus der Mitte des 19. Jahrhunderts, wie Anton von Tillier und Johann Jakob Hottinger, später Wilhelm Oechsli und Johannes Dierauer, und ist es bis heute geblieben. Die Helvetische Republik war ein französisches Diktat, hinter dem die Gier nach den eidgenössischen Staatsschätzen stand. Politisch versagte sie, wirtschaftlich war sie eine Katastrophe, militärisch machte sie das Land zum Kriegsschauplatz und liess Schweizer gegen Schweizer kämpfen. Doch zugleich war sie der erste moderne Verfassungsstaat, zum ersten Mal gab es nun eine (territorial noch unvollkommene) Gesamtschweiz mit einem gemeinsamen Bürgerrecht und einer Landesregierung. Viele ihrer Grundsätze – das war unvermeidlich – feierten 50 Jahre später in der Bundesverfassung von 1848 eine stille Auferstehung.

Bern hat versucht, die Ehre der alten Schweiz zu retten. Die Helvetik aber, um noch einmal Andreas Staehelin zu zitieren, «bedeutet den Anfang eines modernen, einheitlichen, egalitären, dauerhaften Staates, den Beginn der Schweiz, wie wir sie kennen». Welche Ehre schulden wir also der Helvetik?

Lesenswert:
Andreas Staehelin,
Helvetik, in:
Handbuch der Schweizer Geschichte, Band 2,
1980.

CHRISTOPH MERIAN
VERLAG

Monica Kalt / Christian Simon / Beat von Wartburg / Christian Windler

Basler Frieden 1795

Revolution und Krieg in Europa
Hg. Christian Simon
Broschiert, 174 Seiten, reich und z.T. farbig bebildert.
Fr. 32.–
ISBN 3-85616-065-5

In Europa tobt der Krieg. Seit 1792 kämpfen die verbündeten Monarchien gegen das republikanische Frankreich. Dank der Vermittlung eines Baslers, des Stadtschreibers Peter Ochs, schliessen im Frühsommer 1795 Preussen und Spanien mit Frankreich in Basel Frieden. Ein unbekanntes Stück Geschichte. «Das Buch ist hervorragend gestaltet, die Texte sind instruktiv, lebhaft, gut geschrieben.» (Reinhardt Stumm, Basler Zeitung)

Im Licht der Dunkelkammer

Die Schweiz in Photographien des 19. Jahrhunderts aus der Sammlung Herzog

Révélations de la chambre noire

La Suisse du XIXe siècle à travers les photographies de la collection Herzog

Hg. Schweizerisches Landesmuseum Zürich
Gebunden, 226 Seiten, 163 farbige Abbildungen.
Fr. 78.–
ISBN 3-85616-061-2

Das preisgekrönte Buch «Im Licht der Dunkelkammer» stellt die vom Schweizerischen Landesmuseum erworbene Photosammlung Schweiz von Peter und Ruth Herzog in faszinierender Weise vor. Er gibt einen Überblick über Anfänge und Frühzeit der Photographie in der Schweiz und vermittelt einen Eindruck davon, wie sich die Wahrnehmung der Welt mit Blick auf die Schweiz zwischen 1840 und 1900 durch das Medium Kamera veränderte. «Der wunderschöne Katalog überzeugt durchwegs, weil die wertvollen Bilddokumente sowohl zeit- als auch fotogeschichtlich auf packende Art und Weise kommentiert werden.» (Reto Baer, Brückenbauer)

La Nef des Folz
Das Narren Schyff

Hg. Universitätsbibliotheken Basel
und Freiburg i. Br.,
Badische Landesbibliothek in Karlsruhe und
Bibliothèque Nationale et Universitaire de Strasbourg
Gebunden, 214 Seiten, Texte dt./frz., z.T. farbig
illustriert.
Fr. 29.–
ISBN 3-85616-057-4

«Uff die Vasenaht» erschien 1494 in Basel das «Narren Schyff» des Strassburger Juristen und Humanisten Sebastian Brant. Das Vers- und Bilderbuch mit Holzschnitten von Albrecht Dürer wurde zum ersten Bestseller der Buchgeschichte. 500 Jahre später verlegte der Christoph Merian Verlag die zweisprachige Publikation «La Nef des Folz/Das Narren Schyff», im traditionellen Bleisatz gesetzt und auf Büttenpapier gedruckt. «Das Buch begnügt sich nicht mit dem heutigen Kenntnisstand, sondern legt neue Forschungsergebnisse zur Symbolik und Ikonographie des Narrentums vor.» (Ewald Billerbeck, Basler Zeitung)